Krissy Pozatek

Educação Valente

Um guia de inspiração budista para formar
crianças com resiliência emocional

Tradução
Joice Elias Costa

© 2014 Krissy Pozatek
Todos os direitos desta edição são reservados:
© 2017 Editora Lúcida Letra

Título original: Brave Parenting: A Buddhist-inspired guide to Raising Emotionally Resilient Children
Originalmente publicado por Wisdom Publications, Inc.

Coordenação editorial: Vítor Barreto
Projeto gráfico de capa e miolo: Aline Haluch | Studio Creamcrackers
Preparação: Thaís Carvalho
Revisão: Édio Pullig, Vinícius Melo

Dados Internacionais de Catalogação na Publicação (CIP)

P893e   Pozatek, Krissy.
          Educação valente : um guia de inspiração budista para formar crianças com resiliência emocional / Krissy Pozatek ; tradução Joice Elias Costa. — Teresópolis, RJ : Lúcida Letra, 2016.

224 p. ; 21 cm.

Inclui bibliografia.

ISBN 978-85-66864-32-8

1. Educação de crianças. 2. Crianças - Formação. 3. Resiliência emocional. 4. Pais e filhos - Educação. 5. Filhos - Emoções. 6. Educação - Budismo. I. Costa. Joice Elias. II. Título.

CDU 37.018.1   CDD 370.15

Índice para catálogo sistemático:
1. Educação de crianças   37.018.1

(Bibliotecária responsável: Sabrina Leal Araujo – CRB 10/1507)

Para os meus pais
Para as minhas filhas

Cobrir toda a terra com folhas de couro —
Onde se poderia encontrar tal quantidade de couro?
Mas com solas de couro apenas nos meus sapatos
É como se eu cobrisse toda a terra!

E, assim, o curso externo das coisas
Eu mesmo não posso conter.
Mas me deixe apenas treinar a minha mente,
E o que ficou para ser contido?

— Shantideva, *O Caminho do Bodhisattva*

Sumário

Carta aos pais — 10
Introdução: A confecção de sapatinhos — 14

Parte 1: O rio — 29
O curso das emoções

Capítulo 1 — 30
Deixando seus filhos sentirem — 30

Capítulo 2 — 50
Insônia — 51

Capítulo 3 — 66
Habilidade: Deixando o rio do seu filho correr — 66

Parte 2: A natureza — 81
A causa e o efeito dos comportamentos

Capítulo 4 — 82
Espelhando o comportamento dos nossos filhos — 82

Capítulo 5 — 100
O socorro da natureza — 100

Capítulo 6 — 114
Habilidade: a educação de causa e efeito — 114

Parte 3: Pedras — 129
os obstáculos da trilha

Capítulo 7 — 130
A trilha dos pais — 130

Capítulo 8 — 148
A trilha do seu filho — 148

Capítulo 9 — 161
Habilidade: classificar os obstáculos — 161

Parte 4: Duas trilhas lado a lado

Capítulo 10 — 172
Novos caminhos — 172

Capítulo 11 — 183
Compaixão — 183

Capítulo 12 — 198
Habilidade: Remover a camada de couro — 198

Conclusão: O contato com a natureza — 208
Agradecimentos — 222
Sobre a autora — 223

Carta aos pais

Neste livro, abordarei a jornada da vida como uma trilha, um caminho rochoso que simboliza todos os desafios que enfrentamos no cotidiano — os conflitos com a família, os amigos, a escola ou as atividades fora de casa, ou simplesmente as dificuldades para lidar com a nossa oscilação diária de pensamentos e emoções. Às vezes, porém, ao andar por uma trilha, nos deparamos com obstáculos ainda maiores: uma perda, um trauma, um diagnóstico ou outro revés. A princípio, essas rochas irregulares e pedras afiadas parecem ser intransponíveis, mas na verdade oferecem uma gratificação imensa quando são contornadas com sucesso. A fim de percorrer nossos caminhos com graça, precisamos encontrar uma forma de manejar os obstáculos com os quais inevitavelmente vamos nos deparar e as emoções que nos atravessam como um rio.

Em *O caminho do bodhisattva*, o sábio budista Shantideva, do século VIII, nos fala que podemos forrar com couro todos os lugares por onde pisamos, de modo a não cortarmos os nossos pés, ou podemos confeccionar nossos próprios sapatos para nos protegermos ao longo do caminho. Neste livro, adapto essa metáfora para a educação das crianças a fim de ilustrar a forma como os pais de hoje em dia circundam e superprotegem seus filhos, ocupados em poupá-los de qualquer desconforto. Infelizmente, a colocação dessa camada de couro torna os nossos filhos mais dependentes e menos desenvoltos e impede o seu processo de amadurecimento emocional. Em vez disso, podemos criar um ambiente familiar que promova a confecção de sapatinhos, de modo que nossos filhos tenham os recursos internos e a resiliência emocional necessários para percorrerem a trilha de suas vidas e irem aonde precisam ir.

Após trabalhar por muitos anos em programas de *wilderness therapy* — ou *terapia na natureza* — para adolescentes, tenho visto muitos jovens que vivem em conflito encontrarem gratidão, autoestima e autodomínio para contornarem com sucesso os obstáculos de suas vidas. A solução não é remover ou suavizar as dificuldades e desconfortos de nossos filhos, mas, com compaixão, incentivá-los a ser corajosos – ensinando-os a lidar com suas próprias pedras e rochas, e a ver suas contusões e seus arranhões como um aprendizado para o amadurecimento. Se permitirmos que os nossos conflitos nos ensinem, em vez de resistirmos e lutarmos contra eles, em cada obstáculo que enfrentarmos haverá uma lição correspondente, uma descoberta, uma tomada de consciência ou uma oportunidade de crescimento. Esse é o processo de amadurecimento e de confecção de sapatinhos.

Na *terapia na natureza*, observei que as crianças encontram alívio quando param de procurar uma saída, uma fuga ou um resgate por parte dos pais, e enfrentam com determinação seus problemas e obstáculos. Começam a se sentir capazes e desembaraçadas. No fundo, todos nós desejamos resolver os nossos próprios problemas, pois é assim que crescemos mais sábios e mais confiantes na vida. No entanto, isso não ocorrerá com a maior parte das pessoas se elas souberem que ainda há alguma proteção, uma saída, alguém para culpar ou alguém para resgatá-las. Embora a adversidade tenha mérito, ninguém de fato a busca voluntariamente.

Conviver com a bravura da mãe natureza proporciona lições indeléveis, pois a única rede de segurança (além do telefone por satélite) é a inventividade do grupo; cada indivíduo é desafiado a resolver problemas, a ser resiliente e a trabalhar em conjunto. Embora nem sempre seja confortável, viver no mundo natural faz com que uma luz retorne aos olhos dos jovens e ilumine seus espíritos. Os indivíduos têm de enfrentar a natureza, submeter-se ao seu terreno e suportar seus padrões climáticos, seja um raio de sol ou uma tempestade feroz. Em última análise, as crianças aprendem que a vida selvagem é simples – eles percebem sem dificuldade que não estão no controle e aprendem que obtêm da experiência aquilo que colocaram nela.

No entanto, a educação dos filhos é complicada. Há tantas bolas para fazer malabarismos ao mesmo tempo, tantas filosofias e perspectivas a se considerar, tantas emoções para se cuidar e tantas dúvidas. Os obstáculos são multifacetados, e as soluções, menos claras. É devastador, e então os pais tendem a lidar com tudo através da ação: assumir uma tarefa, ajustar, resolver e supercontrolar.

Ainda assim, acredito que a criação dos filhos pode ser muito mais fácil do que imaginamos. Não precisamos fazer tudo. Na verdade, "não fazer" permite que os nossos filhos encarem as consequências naturais que ensinam lições muito mais persistentes e duradouras do que se ficarmos resmungando e dando sermões. Por exemplo, quando uma criança se esquece de uma capa de chuva, de levar as roupas do futebol ou mesmo do almoço, ela vai vivenciar um desconforto temporário — mas não é o fim do mundo; ao contrário, é uma experiência de aprendizagem tangível. Não precisamos ser responsáveis por tudo. Podemos progressivamente colocar a responsabilidade nas mãos dos nossos filhos e também permitir que os problemas deles permaneçam no seu colo.

A terapia na natureza e a filosofia budista me ensinaram abordagens muito simples para o complicado problema da criação dos filhos nos dias de hoje. Menos é mais — esse é o caminho da educação valente. Vamos deixar nossos filhos resolverem os seus próprios problemas. Vamos sair da correnteza e descansar na margem do rio. Não os estamos abandonando e não os estamos ignorando — estamos por perto, mas não estamos nos metendo em sua confusão. Nossos filhos nunca se tornarão desembaraçados ou resilientes enquanto resolvermos tudo para eles.

Este é um livro para todos os pais — solteiros, casados ou separados, heterossexuais ou LGBT — com filhos de qualquer idade. Obviamente, é mais eficaz estabelecer padrões saudáveis quando as crianças são pequenas; no entanto, esses conceitos podem ser aplicados com sucesso no nascimento, aos cinco anos, aos quinze anos e mais além. Trabalho com muitos pais que têm filhos em conflito em idade universitária; as abordagens da educação dos filhos apresentadas neste livro podem ser adaptadas e implementadas em qualquer ponto do ciclo de vida de pais e filhos.

As ideias contidas neste livro se destinam tanto para crianças que parecem estar seguindo um caminho de desenvolvimento mais "normal" quanto para crianças que estejam em conflito emocional e comportamental. A confecção de sapatinhos é um processo para a vida toda para todos nós. Esses conceitos estimulam padrões saudáveis na relação entre pais e filhos, quer sejam aplicados quando a criança começa a falar ou depois que ele ou ela começa a se fechar e oferecer aos pais nada além do silêncio.

Este livro aborda a criação de sapatinhos para permitir que os nossos filhos amadureçam como indivíduos. Com as habilidades apresentadas neste livro, você vai equipá-los para atravessarem as trilhas de suas próprias vidas.

Krissy

Introdução

Sapatinhos

Shantideva foi um monge indiano do século VIII que nasceu príncipe, mas renunciou ao trono para seguir o caminho do Buda. Sua sabedoria, em especial a citação utilizada na epígrafe deste livro, continua a ser relevante em uma época de ansiedade como a nossa. Nesse trecho, Shantideva afirma, essencialmente: quando você anda pela terra, seus pés podem se cortar. Ele ilumina metaforicamente o modo como, em uma tentativa de controlar as situações da vida, colocamos uma camada de couro onde quer que pisemos de modo que nossos pés não se machuquem; tentamos obter algum controle sobre os nossos ambientes externos. Pensamos que, se tivermos mais controle, mais segurança, nós nos sentiremos menos ansiosos em relação aos aspectos desconhecidos da vida. No entanto, como assinala Shantideva, esse processo é inútil, pois não podemos revestir toda a terra com um forro de couro. Mas, em vez disso, podemos simplesmente usar esse couro para envolver os nossos pés.

A maioria de nós se concentra sem cessar em organizar nossos ambientes próximos e os dos nossos filhos a fim de evitar passar por qualquer desconforto. Estamos perpetuamente afastando a dor e tentando manter o mal-estar em xeque. Isso é compreensível, ainda que problemático. Tentar controlar os nossos ambientes não apenas limita as nossas vidas — cria uma realidade falsa, pois a maior parte das coisas da vida não pode ser controlada. Estamos também sujeitos às turbulências dos colapsos financeiros, do terrorismo, do bullying, dos tiroteios em escolas, dos problemas de saúde ou com a família, e da doença ou da morte — nada é completamente seguro.

No entanto, o temor de que as coisas possam sair errado de fato mantém a tensão e a ansiedade constantes em nosso cotidiano, o que nos afasta das experiências próximas no momento presente. A maioria de nós está "vigilante" — em especial no papel de pais —, porém as barreiras que criamos nos impedem de vivenciar momentos nas nossas vidas e momentos com os nossos filhos: um sorriso radiante ou um desastre, um sucesso ou um fracasso.

Essa armadilha do "controle" se intensifica quando temos filhos. Ao educarmos os nossos filhos, tentamos criar o ambiente perfeito para eles, desde os equipamentos para bebês, alimentos e brinquedos infantis "corretos" até os amigos, a escola, os professores, as roupas e os esportes "corretos", de modo que nossos filhos não sofram — e, por sua vez, nós enquanto pais não sentiremos nenhuma dor. Estamos eternamente vigilantes, tentando fazer nossos filhos felizes, aumentar sua autoestima e ajudá-los a experimentar o sucesso.

No entanto, em nossas tentativas de obter controle, na verdade estamos colocando os nossos filhos em desvantagem, pois seus pezinhos ainda estão expostos às rochas pontiagudas na beira do couro — rochas que eles não sabem contornar. E, por mais que tentemos conduzi-los e orientá-los, estamos aumentando a sua vulnerabilidade emocional, uma vez que estejam acostumados com a nossa presença sempre corrigindo todos os seus desconfortos. Esse é um padrão incapacitante e interfere na sua capacidade de ser emocionalmente resilientes.

Muitos de vocês podem estar pensando: "Bem, Krissy, mas há ameaças reais lá fora. O que devemos fazer? Nada?" É claro que não. Nós na verdade queremos que nossos filhos enfrentem o que eu chamo de "conflito seguro": o conflito cotidiano em casa e na escola, um conflito que podemos enquadrar como sendo um problema que pedimos que nossos filhos resolvam, em vez de antecipá-lo, resolvê-lo e facilitá-lo. Questões relativas aos deveres de casa, conflitos com os irmãos, tensões nas amizades, transtornos relacionados às regras familiares ou da escola, frustrações ligadas às tarefas do dia a dia e conflitos entre pais e filhos podem ser valorizados e destacados como materiais perfeitos para a confecção de sapatinhos. Não precisamos estar sempre pairando em volta, resolvendo e consertando tudo. Podemos, compassivamente, deixar esses problemas nas mãos dos nossos filhos. Quando as crianças conseguem contornar conflitos seguros, é mais provável que tenham essas habilidades quando enfrentarem ameaças mais reais fora de casa, como a rejeição por parte de um namorado, competição com colegas ou algum tipo de fracasso ou contratempo.

Esse é o solo fértil do lar onde as crianças podem desenvolver o que eu chamo de recursos internos para percorrer as trilhas de suas vidas; podemos criar um ambiente doméstico que promove o processo de confecção de sapatinhos ao enquadrar as lutas e os obstáculos de uma forma positiva. Esses recursos internos que as crianças podem aprender em casa incluem a gratificação adiada, a solução de problemas, a adaptabilidade, a regulação emocional, a tolerância ao sofrimento, a motivação interna e a autodisciplina. Gostaria de salientar que estes recursos internos raramente são reconhecidos na nossa cultura de educação dos filhos marcada por se basear na reação a cada acontecimento, pelo envolvimento excessivo e por ser atrelada eletronicamente.

Valorizar o conflito é contraintuitivo, porém importante. À medida que a nossa sociedade ocidental avança nas ciências, na tecnologia e na medicina, pode parecer que estamos aprimorando a experiência humana, mas ao mesmo tempo os ocidentais estão se tornando menos adaptáveis à mudança, menos resilientes e mais vulneráveis aos problemas de saúde mental. Enquanto sociedade, continuamos fugindo do desconforto, dos conflitos e dos problemas. Estamos sempre em busca de algo externo que nos tire a dor — um remédio, um vídeo, uma fuga, uma distração ou uma cama onde possamos nos atirar — em vez de empregarmos as técnicas milenares de permanecermos onde estivermos, perseverarmos e mesmo amadurecermos como resultado dos desconfortos e atribulações. Há milênios sobrevivemos à adversidade. Essas habilidades estão nos nossos genes, ainda que não peçamos que nossos filhos as utilizem.

Em algum ponto ao longo do caminho, deixamos de perceber as crianças como resistentes para percebê-las como frágeis, seres tão delicados que precisam de proteção e vigilância constante. Os pais se esforçam muito para eliminar e suavizar os obstáculos nas vidas dos filhos de modo a não perturbar suas percepções tênues e em desenvolvimento sobre si mesmos. Este livro estabelece um paradigma radicalmente diferente: a utilização de experiências e conflitos negativos como meios para promover o desenvolvimento de recursos internos e o amadurecimento emocional em indivíduos jovens. Em vez de ter todas as adversidades removidas por seus pais, as crianças podem controlar os obstáculos de suas vidas. Nossos filhos podem ter uma deficiência ou podem se deparar com uma perda, mas podem também ser capazes de minimizar ou mesmo evitar a perturbação emocional e a aflição mental (pânico, depressão, desespero, insônia, raiva, ansiedade) associadas a esses obstáculos. Quando as crianças dominam um obstáculo, ficam mais preparadas para a próxima pedra que surgir ao longo do seu caminho.

Como afirma Shantideva, em vez de controlar o nosso ambiente, podemos trabalhar as nossas mentes para que possamos estar em qualquer situação da vida com a capacidade de estarmos presentes e não procurarmos uma saída. Da mesma forma, podemos ensinar os nossos filhos a estar presentes nos desafios de suas vidas.

Comportamentos subclínicos

Constatei que muitos pais preferem que seu filho tenha um diagnóstico concreto, como ansiedade ou distúrbio de aprendizado, para o qual possa haver um especialista ou um tratamento, a uma avaliação de que a criança simplesmente tem recursos internos frágeis e baixas habilidades de enfrentamento. Alguns chamam isso de "medicalização" dos comportamentos infantis. Embora não seja racional, isso se encaixa no reflexo que nós, pais, temos de colocar a responsabilidade em algo externo aos nossos filhos.

Quando uma criança recebe um diagnóstico, alguns pais utilizam esses rótulos até mesmo para confortar e socorrer os filhos. "Bem, ele tem TDAH,[1] portanto precisa da minha ajuda para fazer a lição de casa todas as noites" ou "Ela não sabe controlar a raiva, então eu só preciso assimilar e me adaptar" ou "O tédio desencadeia a ansiedade dele, por isso preciso manter os seus horários de atividades sempre controlados". Os esforços dos pais para "administrar" os filhos se transformam em uma maratona. Com ou sem um rótulo ou um diagnóstico, hoje em dia os pais andam na ponta dos pés para lidar com o humor e o comportamento dos filhos. Por que sentimos tanto medo de responsabilizar as crianças por um comportamento inadequado?

Além disso, o desenvolvimento da força interior dos nossos filhos fica em grande parte ausente do nosso discurso sobre a sua educação. Palavras como *bravura*, *desenvoltura* e *adaptabilidade* não fazem parte do vocabulário atual sobre saúde mental e terapêutica. A resiliência é vista como uma capacidade inata que algumas crianças de sorte têm, e não como uma característica que pode ser fomentada. Hoje tratamos os nossos filhos como bebês – nós, em grande parte, os tratamos como se fossem mais novos do que as suas idades biológicas de fato.

Muitas crianças que aparecem nos consultórios de terapeutas

---

1. N. T. Transtorno de Déficit de Atenção/Hiperatividade. Sigla original em inglês: ADHD (*Attention deficit hyperactivity disorder*).

e especialistas em aprendizagem não se enquadram em diagnósticos claros. Elas apresentam o que chamamos de "comportamentos subclínicos", com os quais os pais não sabem lidar. Por exemplo: crianças que desistem e agem como se estivessem indefesas e impotentes, crianças com uma teimosia ferrenha, crianças dissimuladas e enganadoras, crianças irritáveis, com explosões de raiva, crianças que se fecham e mostram-se evasivas com os pais, crianças inteligentes e brilhantes que manipulam os pais, negociadores habilidosos e crianças dramáticas, de comportamento emocional exagerado. Algumas estabelecem um ciclo que percorre uma mistura destes comportamentos.

É óbvio que existem aquelas que apresentam um diagnóstico claro sobre a saúde mental ou dificuldades de aprendizagem, e não apenas habilidades fracas de enfrentamento. Nesses casos, estes tipos de comportamentos subclínicos surgem com frequência misturados em seus distúrbios, frustrando os profissionais e complicando o processo de tratamento.

Muitas das crianças que apresentam esses comportamentos estão presas a padrões de comportamento problemáticos que representam na relação entre pais e filhos. Deve-se também observar que todos esses comportamentos produzem alguns resultados desejáveis para a criança: uma mudança de regras, os pais cederem, a eliminação de uma tarefa, ou simplesmente o desencadeamento de uma reação emocional por parte de um dos pais, que pode parecer algo muito intenso para uma criança. No mínimo, esses comportamentos sem dúvida chamam a atenção dos pais. Através deles, as crianças estão obtendo o controle do ambiente familiar, em vez de se adaptarem internamente e amadurecerem – e vão se tornando dependentes de uma camada de couro protetora que amorteça o caminho para elas.

Por que confeccionar sapatinhos?

Hoje, muitos indivíduos jovens são carentes de recursos internos, adaptabilidade e resiliência. As crianças entram em pânico quando vivenciam o desconforto e correm direto para a mãe ou para o pai, como se eles tivessem as ferramentas para consertar tudo. (Deve-se observar que muitos pais gostam e reforçam esse processo, interpretando-o como "proximidade" na relação com os filhos.) Os pais acreditam que é sua responsabilidade sempre se certificar de que o filho esteja feliz. No entanto, quando começam a pensar que podem resolver todas as questões dos filhos, inevitavelmente se deparam com problemas — em seu devido tempo, a criança vai querer que os pais resolvam alguma coisa que esteja verdadeiramente fora do seu domínio. É melhor deixar que as crianças aprendam a resolver problemas nos pequenos obstáculos e desconfortos de suas vidas — o ideal é que isso ocorra enquanto são jovens, antes de vivenciarem sua primeira rejeição social ou o primeiro fracasso acadêmico, esportivo ou artístico.

Todos nós nos direcionamos para a felicidade, mas a felicidade não é a questão. Achamos que a felicidade é algo que deve estar presente o tempo todo; se não estiver, então alguma coisa está errada. Na realidade, a felicidade vem e vai. Precisamos nos afastar um pouco da noção de felicidade constante e avançar em direção a um conceito de saúde emocional.

Em vez de concentrarmos toda a nossa atenção e as nossas pesquisas na felicidade, precisamos aprender apenas a conviver com a tristeza, a decepção, a preocupação, a raiva, a vergonha, o conflito, o fracasso, até que esses sentimentos cedam. Se estivermos suficientemente à vontade com todas as emoções e pudermos vivenciá-las sem reatividade, é muito provável que sejamos emocionalmente saudáveis. É por isso que precisamos deixar que as crianças tomem conhecimento de todos os seus sentimentos.

O budismo ensina que *anicca*, ou a impermanência, é uma característica de todas as coisas. Em última análise, a impermanência é nossa amiga. Ela permite que a tristeza, a dor e a decepção se desvaneçam para se transformarem em estados emocionais novos. Quando processamos as emoções de uma forma natural, elas são fluidas. A impermanência nos mantém presentes e atentos — a vida está sempre mudando, se deslocando, se transformando em algo novo.

Este livro utiliza metáforas experimentadas e testadas com crianças e pais, reunidas a partir dos meus anos de experiência com a terapia na natureza, como *coaching* para pais e mães, das minhas próprias experiências como mãe e dos meus estudos do budismo. As crianças se conectam mais facilmente com as metáforas do que com sentimentos complicados.

Os "sapatinhos" são a metáfora que utilizo para me referir aos recursos internos. Os sapatinhos nos levam do ponto A ao ponto B, quer estejamos andando dentro da nossa casa, até a escola ou até o Monte Everest. Eles são o conjunto de habilidades para percorrermos o nosso terreno emocional.

Os recursos internos que descrevo neste livro são os seguintes:

— **Gratificação adiada**: habilidade para trabalhar em função de um objetivo definido sem uma recompensa imediata.
— **Resolução de problemas**: habilidade para deslocar-se de um determinado estado rumo a um objetivo mais desejado.
— **Adaptabilidade**: habilidade de lidar com perturbações inesperadas.
— **Regulação emocional**: habilidade para entrar e sair de diferentes estados e comportamentos.
— **Tolerância ao sofrimento**: habilidade de conviver com o desconforto.
— **Motivação interna**: centro interno (em oposição a externo) de controle que impulsiona o comportamento.
— **Autodisciplina**: capacidade de motivar a si próprio, independentemente do estado emocional.
— **Aceitação da impermanência**: a consciência de que nada dura para sempre.

No livro *O Caminho do Bodhisattva*, Shantideva afirma: "Deveríamos preservar as nossas mentes com o mesmo cuidado que protegeríamos um braço quebrado ou ferido em meio a uma multidão descontrolada." Esses recursos internos são as ferramentas que preservarão as nossas mentes e os nossos estados emocionais. A "multidão descontrolada" se refere às vicissitudes da vida. Quando conseguirmos tolerar o sofrimento, nos regularmos emocionalmente, nos motivarmos sem a necessidade de uma gratificação imediata, nos adaptarmos às perturbações e reconhecermos que a mudança é algo constante, seremos capazes de manter uma mente mais resiliente, estável e aberta. Os budistas têm trabalhado com a mente há milênios; agora é a hora de trazer esses conceitos para a educação das crianças da nossa época.

Sem sapatinhos, as crianças estão expostas a ameaças graves como o amadurecimento atrasado, problemas de saúde mental, irresponsabilidade, impulsividade e comportamentos autodestrutivos — apesar da presença constante dos pais pairando em volta —, pois elas não sabem se autogerenciar e se adaptar à paisagem cambiante da vida. Em vez disso, devemos incentivá-las a experimentar suas próprias emoções, enfrentar seus próprios obstáculos e construir seus recursos internos. Podemos nos comunicar com os nossos filhos e infundir neles a ideia de que cada um tem uma habilidade inata para resolver problemas — essa habilidade só precisa ser aperfeiçoada e desenvolvida. Se quisermos que nossos filhos tenham força interior, temos que os ajudar a cultivá-la. A nossa mensagem deve ser "você consegue", em vez de "deixe que eu resolvo".

Como as crianças confeccionam seus sapatinhos?

Com o atual colapso dos suportes sociais, entre eles as instituições religiosas, programas comunitários e escolas fortes, as crianças não circulam com independência fora do ambiente doméstico como antes. Ao mesmo tempo, elas têm mais liberdade de ação dentro de casa — muitas vezes num contexto em que ambos os pais trabalham e em geral não há familiares que permaneçam em casa. Além disso, as crianças têm mais acesso ao mundo adulto através da televisão, da internet, dos videogames, e assim por diante, mesmo que não tenham as habilidades necessárias para lidar com tudo isso. O lar da família se tornou um lugar de conforto, um lugar para relaxar e se desligar de todo o resto, não um lugar para ter responsabilidades. No entanto, o lar é *também* o ambiente perfeito para a confecção de sapatinhos.

Como podemos ensinar as crianças a aceitar o desconforto e a incerteza? Como podemos ensiná-las a sentir suas emoções e a não fugir delas — a estar conscientes de que o conflito é uma parte normal do desenvolvimento? Como pais, precisamos trabalhar a aceitação de nossas próprias emoções, em vez de corrigir as emoções de nossos filhos, devemos tentar normalizá-las e contextualizá-las. Precisamos também validar as experiências emocionais dos nossos filhos. Como podemos ajudá-los a desenvolver suas habilidades para resolver problemas, a permanecer com os problemas para que possam lidar com as pedras e rochas de seus próprios caminhos? Precisamos manter a calma ao enfrentar os nossos obstáculos e valorizar as habilidades de nossos filhos para resolver problemas.

A adversidade faz parte da experiência humana, não é algo que se deva procurar remover a cada momento. Na verdade, o desconforto pode ser um presente disfarçado que nos ajuda a construir a nossa força interior. Podemos incutir nos nossos filhos a ideia de que ficaremos bem caso eles fracassem, pois confiamos que serão capazes de se erguer por conta própria — e consertar e remendar seus sapatinhos.

Como os pais podem ajudar?

Vamos encarar os fatos: os pais já estão altamente envolvidos. De que forma o envolvimento e a atenção dos pais pode se deslocar de uma atitude de forrar o mundo de couro para uma atitude de confeccionar sapatinhos?

Em vez de pairarmos sobre as mudas das plantas, observarmos

e monitorarmos constantemente seu crescimento e desenvolvimento, tentando dar-lhes a quantidade perfeita de sol, sombra e água, podemos continuar alimentando o solo. O solo é a base de desenvolvimento da casa. Não podemos controlar as tempestades que estão por vir, não podemos controlar a genética das sementes, mas podemos cultivar um solo rico, fértil. Podemos fazer isso ao estabelecer um modelo de gestão emocional, validar os sentimentos, valorizar o obstáculo seguro, abster-nos do resgate constante, estabelecer fronteiras e limites adequados, ensinar sobre a solução de problemas e a responsabilização, proporcionar consequências naturais e lógicas e aceitar a impermanência na vida.

A estrutura deste livro

Os capítulos seguintes ensinam o processo de confecção de sapatinhos a partir de diversas metáforas baseadas na natureza e em histórias que ensinam os pais a percorrer a paisagem obscura da educação dos filhos. As técnicas para a criação dos filhos que ajudam a promover os recursos internos que relacionei anteriormente serão desenvolvidas nos próximos capítulos. Amar os nossos filhos é a parte fácil — lidar com suas emoções e comportamentos não é tão fácil.

Este livro se divide em quatro partes. A Parte 1 se concentra nas emoções. A Parte 2 tem os comportamentos como foco. A Parte 3 aborda os obstáculos que os pais e os filhos encontram. A Parte 4 descreve uma nova proximidade que eles podem forjar — duas trilhas, lado a lado. Em cada parte, há três capítulos: o primeiro capítulo é dedicado à educação dos filhos no cotidiano; o segundo coloca mais ênfase nas crianças que enfrentam padrões emocionais ou comportamentais diferentes; o terceiro destaca habilidades específicas a serem aplicadas na educação dos filhos hoje.

Em muitos desses capítulos, ilustro os meus argumentos com exemplos de crianças e seus pais. Embora essas histórias sejam baseadas nas minhas experiências como terapeuta, nomes, idades, gêneros e muitos detalhes das histórias foram alterados, de modo que os personagens das histórias devem ser considerados fictícios.

Quando dermos o exemplo de como costurar e consertar os nossos sapatos, nossos filhos aprenderão a confeccionar e remendar os sapatinhos deles. Podemos permanecer presentes com os sentimentos deles sem consertá-los. Podemos deixá-los vivenciar consequências, deixá-los resolver problemas por conta própria. Com os sapatinhos, nossos filhos serão mais capazes de contornar os obstáculos em suas vidas quando os vivenciarem. Precisamos dar a eles a liberdade de terem suas próprias vidas, não uma vida gerida por nós. Precisamos ser corajosos e confiar que a vida se encarregará de dar-lhes as lições de que precisam. Podemos, então, dar-lhes autonomia para viajar por onde quiserem e explorar seu próprio território, pois temos fé em seus recursos internos, em sua resiliência emocional e em sua orientação para chegar lá.

PARTE 1

O curso das emoções

CAPÍTULO 1

Deixando seus filhos sentirem

> Em um nível emocional, sentimos que as coisas devem ser felizes e, quando ficam difíceis ou dolorosas, há algo errado. De acordo com os ensinamentos budistas, é isso o que causa o sofrimento.
>
> Pema Chodron

Willow

"Não vou andar até o parquinho sem a Doggie!" exclamou Willow, de cinco anos, referindo-se a um bicho de pelúcia um tanto grande com o qual ela dorme.

"Querida, você sabe que eu vou acabar tendo que carregar a Doggie o tempo todo, ou ela vai ficar largada no chão perto dos balanços e vai ficar toda suja. Vamos colocar a sua cachorrinha na sua cama para ela tirar uma soneca", respondeu o pai.

Quando começaram a passar pela porta, Willow arrastou sua imensa cachorrinha de pelúcia em direção à calçada.

O pai implorou:

"Querida, eu disse que nós não vamos levar a Doggie. Eu vou entrar e colocá-la na sua cama."

Willow sentou-se na grama e choramingou: "Eu não vou sem a Doggie!".

Frustrado e ansioso, o pai pegou a cachorrinha e todos caminharam quatro quarteirões até o parquinho.

Lá chegando, Willow imediatamente tirou os sapatos e começou a saltitar e cantar uma canção. O pai sentiu um aperto no peito. Ele estava preocupado com a possibilidade de haver um pedaço de vidro ou qualquer outro objeto cortante pelo chão, porém queria evitar outra briga. Decidiu ignorar temporariamente. Viu que ela estava feliz. Foi com a filha até o escorregador, empurrou-a no balanço e depois andou pelo parquinho atrás dela. Doggie ficou sentada no banco do parque.

Da caixa de areia, Willow gritou: "Ei, papai, venha aqui!." Ela disfarçadamente escondia algo com as mãos para trás. Quando o pai se aproximou, ela o surpreendeu jogando areia direto em seu rosto e em seu peito. Embora consternado por essa atitude, o pai rapidamente se recompôs e disse: "Querida, você pode jogar areia quando eu estiver de costas, mas não quando eu estiver de frente, pois pode entrar nos meus olhos." Ele se virou, dando-lhe as costas. Willow começou a arremessar areia no pai como se fosse uma forte tempestade. Depois de muita atividade, o pai buscou a Doggie e cantou com Willow ao longo do caminho de casa para almoçar.

Aceitando as nossas emoções

Hoje em dia a educação dos filhos está mais voltada às emoções das crianças do que ao seu comportamento. Estamos culturalmente preocupados com a felicidade delas e, mais importante, estamos preocupados em ter um vínculo forte entre pais e filhos. No entanto, eu diria que na verdade não estamos suficientemente à vontade com as emoções — seja com as dos nossos filhos ou com as nossas. Como você pode ver, o pai de Willow negou seus sentimentos de frustração, preocupação e desconforto e se esforçou para evitar que a filha tivesse qualquer emoção negativa. Temos muito pouca tolerância com os sentimentos de tristeza ou decepção dos nossos filhos — só nos sentimos bem quando os nossos filhos estão felizes. Mas que mensagem isso envia? A mensagem de que o certo são os filhos sentirem uma emoção?

Ainda assim todos nós vivenciamos todos os dias uma grande variedade de emoções. Estamos estressados pelo fato de resistirmos, afastarmos ou combatermos ativamente as emoções desagradáveis. Todos nós fazemos isso. Não queremos sentir esses sentimentos, então gastamos muita energia para embotar, entorpecer, projetar, deslocar, evitar, distrair, extravasar essas emoções indesejadas, ou desejamos que outras pessoas nos resgatem dessas emoções. O que aconteceria com o nosso estresse se nos permitíssemos aceitar e sentir as nossas emoções — mesmo que elas incluíssem dor, tristeza ou preocupação? O que aconteceria se prestássemos atenção aos nossos sentimentos por sabermos que há ali informações importantes que poderemos utilizar para orientar as nossas decisões? O que aconteceria se não julgássemos as nossas emoções e, por sua vez, a nós mesmos?

Todos nós temos emoções. Não ficamos apenas felizes, tristes, furiosos. Há todo um espectro completo: pavor, euforia, pânico, excitação, alívio, inquietação, medo, vergonha, raiva, espanto, contentamento. As emoções são como a música ou as cores. A música não seria tão vibrante ou penetrante sem o espectro completo dos sons — leve e etéreo, bem como pesado e sinistro. Da mesma forma, cada tom da paleta de cores é fundamental para a beleza delicada que existe na natureza e na arte. Não valorizamos o amarelo como sendo bom e o cinza como sendo ruim, ou uma nota musical alta como boa e uma nota baixa como sendo ruim; são todas vitais.

O espectro emocional cria a textura da experiência humana. Vamos encarar os fatos: apesar da energia que gastamos para fugir da preocupação, da depressão e da mágoa, a vida seria um tanto enfadonha sem esses sentimentos, que são centrais e fazem parte da experiência de uma vida significativa e gratificante. Ninguém vive livre de dor. O truque é aprender a aceitar e vivenciar as emoções, vê-las como informações importantes, em vez de potencializá-las e dramatizarmos, ou nos fecharmos a elas por um mecanismo de controle. É um alívio tão grande quando alguém, de forma tranquilizadora, nos deixa sentir sem tentar consertar o que sentimos: "Não há nada de errado em 'se sentir para baixo'." "É natural que você se sinta preocupado." "Isso é muito doloroso." "Imagino que seja frustrante."

Além disso, e se as emoções forem tão importantes a ponto de serem a chave para realmente conhecermos a nós mesmos? A tristeza é um indicador de uma perda. Isso é algo que todo ser humano sabe, pois todo mundo vivencia perdas. A culpa está ligada a fazer algum mal, seja a outras pessoas ou a nós mesmos. Nossos corpos são projetados para sentir ansiedade se pensarmos que há uma ameaça no horizonte ou que há uma grande transformação emocional por acontecer, como uma mudança, uma troca de emprego, um novo bebê, uma graduação ou um casamento. A raiva pode ser um sinal de que precisamos mudar alguma coisa em nossas vidas, manifestar nossos sentimentos ou simplesmente dizer "não" a alguém. E se as emoções nos derem informações críticas todos os dias sobre como viver e como educar os nossos filhos? E se as emoções negativas forem tão importantes ou até mesmo mais importantes do que as emoções positivas para nos fornecer orientação nas nossas vidas?

O problema é que não valorizamos os nossos estímulos emocionais e nos julgamos quando sentimos qualquer coisa além de felicidade. A maioria de nós não sabe conviver bem com emoções negativas já que passamos nossas vidas inteiras ouvindo "Não se preocupe", "Está tudo bem", "Anime-se", "Melhore", ou mesmo "Nem é nada tão grave assim" e "Pare de chorar". Isso transmite uma mensagem cultural forte de que as emoções negativas significam que deve haver alguma coisa errada com você e você precisa se livrar rapidamente delas.

Como podemos sentar e permanecer com as nossas emoções?

Aprendi a trabalhar com as emoções em dois lugares: na minha carreira na terapia na natureza e através do budismo. Embora sejam disciplinas muito diferentes, elas compartilham conceitos fundamentais.

Na terapia na natureza, as emoções são vistas simplesmente como são. Não há rótulos ou projeções de emoções boas ou ruins, certas ou erradas. Embora nas situações na natureza as crianças ainda mantenham suas próprias maneiras idiossincráticas de amplificar os sentimentos — como gritar, teimar ou desistir —, a mensagem central é que não há nada de errado em sentir emoções "negativas". O que fica claro na natureza é que o problema é o comportamento — não a emoção. Quando as crianças sentem raiva, essa emoção é validada; quando demonstram desrespeito e desobediência, há consequências. A distinção essencial é essa: todos os sentimentos são aceitos e todos os comportamentos devem ser levados em consideração. Na natureza, isso se torna algo muito claro.

Ademais, na terapia na natureza, os mecanismos de enfrentamento que são utilizados no dia a dia para controlar as emoções podem não existir. Não há portas para bater, não há televisões para onde escapar, não há computadores para jogar, não há celulares para fofocar, nem *junk food* ou outros vícios a que possamos recorrer. Não há nada ao alcance das crianças que possam usar para se entorpecer. É claro que ainda existem camadas mentais de defesa — como fechamento, negação, mentira ou sarcasmo —, mas elas se quebram quando a criança passa algum tempo em uma paisagem crua e exposta. Sem mecanismos de escape, a maior lição da terapia na natureza é como lidar com os próprios sentimentos. As emoções começam a ser vivenciadas de uma forma não adulterada, o que é animador e novo para a maioria das crianças. Essa abertura e validação dos sentimentos também é socialmente apoiada através de grupos diários.

No ambiente da natureza, quando os adolescentes vivenciam seus sentimentos, percebem que, no fim das contas, esses sentimentos passam. Na verdade, a pesquisa mostra que o tempo de vida de uma emoção é de três a trinta minutos — se deixarmos que ela exista. É claro que uma emoção também pode durar três dias, se realmente trabalharmos para combatê-la. Nós *achamos* que podemos controlar ou eliminar sentimentos indesejados. Na natureza, devemos aceitar a ideia de que há coisas que não podemos controlar; isso vem com a sensação de realidade de se viver no mundo natural.

No ambiente natural, as leis da natureza determinam tudo. Quando está frio, nossos esforços são no sentido de ficarmos aquecidos. Quando está calor, os esforços são colocados no sentido de encontrarmos sombra e água fresca. O mundo natural dá lições. Quando está frio, não negamos a realidade e dizemos, "Não fique com frio, sinta-se aquecido". Em vez disso, o frio nos informa e nos motiva a vestir um casaco e luvas e a começar a juntar lenha. Isso não muda a temperatura; em vez disso, faz com que seja possível suportar, aceitar e trabalhar com o frio. Quando está ventoso, percebemos que não faz sentido dizer, "Ah, vento, pare, quero apenas sol". Sabemos que não podemos parar o vento, por isso precisamos senti-lo. Mesmo que encontremos algum abrigo, ainda podemos ouvir o vento e senti-lo soprando através da barraca. Não há como escapar. A natureza nos força a repousar no momento presente.

No entanto, quando ficamos com essas texturas da vida, tanto agradáveis como desagradáveis, observamos que elas passam. Na verdade, se realmente sentirmos o frio, e realmente sentirmos o vento, é provável que na próxima vez em que o dia estiver ensolarado, nós nos certifiquemos de sentir, perceber e vivenciar aquele sol e apreciar o seu calor — isso é alegria.

Sabemos que não podemos controlar ou alterar o clima, portanto o aceitamos. O que aconteceria se também percebêssemos que não podemos mudar ou controlar as nossas emoções — apenas nossos comportamentos? E se nos permitíssemos ver a tristeza e a ansiedade como a chuva; em vez de tentar controlá-las, podemos deixar que se derramem sobre nós até clarear tudo?

Há um belo poema do Rilke sobre esse assunto:

> Deixe todo sentimento acontecer a você: beleza e terror.
> Apenas siga em frente. Não há nenhum sentimento definitivo

Não há nenhum sentimento definitivo; tudo passa.

Há semelhanças claras nos conceitos subjacentes da terapia na natureza e nos ensinamentos do budismo. Os budistas, sabendo que a vida está em fluxo constante, falam em ter uma "mente estável". O conceito de estabilidade não é visto através da lente da doença mental, mas sim através da lente da experiência humana. Por exemplo, a maioria de nós tem estados mentais que se elevam e caem com base nos eventos diários que percebemos como bons ou ruins: um abraço e um sorriso da sua filha (bom!), ficar preso no trânsito por causa de obras na pista e se atrasar para uma reunião (ruim). O budismo incentiva o indivíduo a receber todos os eventos com equanimidade.

A premissa central do budismo é a impermanência — *anicca*. A vida e todas as coisas estão em constante movimento. A única certeza é que a cada dia todos nós damos mais um passo em direção à morte. Quando todas as coisas estão "seguras" e em seus lugares, isso é como uma espécie de morte, pois é contrário ao fluxo e refluxo da vida. Por exemplo, todos nós sabemos a irritação de quando aparamos a grama, pagamos as contas e limpamos a casa e pensamos que está tudo em seu lugar — e então a máquina de lavar louças estraga ou nosso cão anda todo sujo pela casa. No entanto, essa é a natureza das coisas, subir e descer. Sofremos quando combatemos esse fluxo e refluxo. Queremos que a vida fique sempre imóvel ou melhore. Queremos sentir prazer e evitar a dor. Queremos lucros a cada trimestre. No entanto, por mais que finjamos que não, nós somos parte da natureza e não temos nenhum controle.

Devido à incerteza de cada parte da vida, há sempre uma ansiedade subjacente. A ansiedade não é um sinal de que exista algo errado com a gente. Trata-se de uma experiência de estar vivo em um mundo impermanente. Assim, por exemplo, não é uma sensação de que possamos "consertar" os nossos filhos. A ansiedade é uma emoção normal que todo ser humano sente, e o nosso sofrimento em torno dela se dissipa quando a reconhecemos a aceitamos. Quando combatemos a ansiedade vivenciamos o estresse.

Com essa perspectiva da impermanência, os professores budistas nos incentivam a prestar atenção nas flutuações da vida com um simples ir e vir. Eles não atribuem muito valor a eventos considerando-os bons ou ruins. Eles concentram-se, em vez disso, em perceber o que são. Assim como na terapia na natureza, o budismo reconhece as emoções pelo que são: mensageiras com informações sobre o momento em que nos encontramos.

Esses ensinamentos e perspectivas são particularmente pungentes diante das catástrofes mundiais modernas: colapso dos sistemas financeiros, furacões, terrorismo, tsunamis, terremotos e tiroteios em escolas. Até mesmo o melhor remédio ou o melhor seguro não conseguem gerar uma segurança completa. Nossos filhos são obrigados a sentir tristeza, dor, desespero, confusão e incerteza.

Assim como na terapia na natureza, na meditação budista removemos todos os estímulos externos, todos os padrões de fuga aparentes, e começamos a trabalhar com as nossas mentes. Não importa o quanto a sua mente possa vagar — fantasiando sobre suas próximas férias, requentando sua última discussão ou vivenciando paz e temor —, na meditação você se concentra em *voltar para a respiração*. A nossa respiração cria uma âncora e uma estabilidade nos altos e baixos da vida. Quando conseguimos nos sentir vivos através da respiração, podemos repousar mais confiantemente em nossa alegria *e* em nosso desconforto.

Quando aceitarmos a nossa tristeza ou a nossa preocupação e realmente a vivenciarmos, é provável que possamos apreciar plenamente a nossa próxima risada. Em vez de ficar de guarda e roçando a superfície da vida, podemos aceitar, permitir e ir *em direção* às texturas da vida. A vida não seria muito interessante se tivéssemos apenas dias ensolarados, cores vibrantes, música alegre e emoções edificantes. Se acreditarmos que a vida terá fluxo e refluxo, não devemos ficar muito presos em uma emoção. Pema Chodron, professora do budismo tibetano, chama isso de "nada muito importante". Na verdade, o que nos faz ficar presos é resistir a um sentimento ou a um momento — isso perturba as flutuações naturais e, por sua vez, provoca o nosso estresse.

É importante observar que permanecer ou repousar com as emoções não é tão simples como talvez eu esteja explicando aqui — pois todos nós começamos a vida como crianças e aprendemos sobre as emoções com nossos pais e outros adultos. Essas mensagens de fugir das emoções indesejadas ficaram impressas em nós desde o nosso nascimento. Nós, então, as transmitimos com naturalidade para os nossos filhos: "Anime-se, querida!" "Está tudo bem." "Não se preocupe com isso." "Você vai ficar bem." "Vou resolver tudo." "Não precisa ficar furioso com nada." Embora os pais estejam com a melhor das intenções, há muitas afirmações sobre as emoções no sentido de invalidá-las. Isso é um tanto confuso para os pequenos.

Para complicar ainda mais, quando os pais têm um filho com algum problema de saúde mental ou comportamental, eles ficam com ainda mais medo de validar uma emoção negativa a fim de que a criança não desenvolva uma tendência maior para a depressão ou para a ansiedade. Preocupam-se: "Ele pode achar que é certo sentir raiva". "Ela pode se tornar uma pessoa triste o tempo todo." "Não quero que ele sinta ansiedade; preciso ajudar a resolver isso." No entanto, é fundamental, mais uma vez, que os pais percebam que todas essas preocupações têm origem no medo. Não podemos controlar as emoções dos nossos filhos, mas podemos controlar as nossas reações e respostas. Mesmo que fiquemos ansiosos, podemos permanecer com a ansiedade e sentir a adrenalina sendo bombeada dentro de nós — o que significa que amamos os nossos filhos e queremos remover a dor deles.

Sabendo que as emoções surgem e desaparecem, as crianças podem aprender a processar suas emoções da forma mais natural, que é permanecer presente e vivenciá-las até que passem. Da mesma forma que as árvores fortes resistem às estações do ano, as crianças podem repousar com o seu espectro de emoções. Essa é a textura da vida; isso aumenta a resiliência emocional das crianças, sua capacidade para confeccionar seus próprios sapatinhos.

Normalizar e validar as experiências das crianças

Quando uma das minhas filhas tinha seis anos, ela disse: "O meu rosto parece estranho."

Senti um forte impulso de dizer: "O que você quer dizer? Seu rosto é lindo." Mas sabia que isso significaria me esquivar de qualquer que fosse a sua preocupação, e também sabia que examinar as nossas aparências é um processo totalmente normal – faz parte do processo de nos desentendermos com quem nós somos. Em uma determinada idade, todos nos tornamos conscientes dos espelhos e daquilo que vemos nos espelhos quando nos olhamos.

Eu contive a minha resposta materna pré-programada e decidi me mostrar curiosa. Sei que não devo (ou não deveria) tirar dela o seu próprio processo de autodescoberta, mas posso validar e normalizar o processo. Então eu disse: "O que você quer dizer com isso?" Ela respondeu: "Bem, acho que o meu rosto parece estranho nas fotos e no espelho." Então eu disse: "Você acha que o meu rosto parece estranho?" "Não", respondeu ela. Então eu perguntei: "O que você acha do seu pai? O rosto dele parece estranho?" "Não", ela respondeu. Então tanto o meu marido quanto eu reforçamos e validamos o fato de que nos lembramos de ter sentimentos semelhantes quando éramos crianças, e mesmo hoje ainda achamos que parecemos estranhos às vezes. Depois que validamos a preocupação dela, ofereci a minha perspectiva: "Penso também que você apenas não está acostumada a olhar para o seu próprio rosto o dia todo da mesma forma que está acostumada a olhar para os nossos rostos." (Percebo que acrescentar isso deve ter sido a minha tentativa de "resgatá-la" dos seus sentimentos).

Em vez de contestar seus pensamentos e sentimentos, tentamos validar o que imagino que seja uma experiência humana bastante normal de olhar-se no espelho. A validação é um alívio imenso para as crianças — ouvir a verdade e saber que não estão sozinhas em seus sentimentos.

Crianças mais velhas podem fazer afirmações mais extremas sobre suas vidas ou sobre si mesmas: "Sou feia." "Eu me odeio." "Sou burro." É inútil opor-se mesmo a afirmações como essas, por mais prejudiciais que possam parecer, pois suas raízes estão nas emoções. Os pais devem tentar descobrir e abordar a emoção original em vez de simplesmente responderem com um elogio. Embora tenham a melhor das intenções quando dizem "Você é tão lindo" ou "Você é uma criança maravilhosa" ou "Você é muito inteligente", ao longo do tempo essas afirmações acabam sendo decepcionantes. Na verdade, o sentimento das crianças pode piorar quando são elogiadas, pois elas não se sentem apenas mal em relação a si mesmas, mas se sentem também culpadas ou erradas por se sentirem daquela forma porque lhes dizemos que está tudo bem com elas. Chamo isso de "negativo duplo". É então que entra o estresse.

Negativos duplos e triplos

O estresse se desenvolve não apenas quando estamos ansiosos e sobrecarregados, mas também quando julgamos e resistimos ao fato de que estamos ansiosos e sobrecarregados. Esse negativo duplo nos leva a ter uma tendência a buscar um padrão negativo de enfrentamento para que nos sintamos melhores, o que infelizmente gera o que eu chamo de "negativo triplo".

Um padrão negativo de uma criança
Negativo simples: preocupar-se com uma lição confusa de matemática.
Negativo duplo: estresse com suas tentativas de animá-la — o que faz com que a criança se sinta pior e mais burra porque você afirma que a tarefa não é difícil.

Negativo triplo (padrão de comportamento): gritar com você, bater com a porta na sua cara e passar a noite toda sentindo-se irritada.

Um padrão negativo de um pai ou de uma mãe
Negativo simples: tristeza e preocupação com a possibilidade de que o filho esteja sendo rejeitado por um amigo na escola.
Negativo duplo: em vez de permanecer com esse sentimento, você tenta controlar a situação repreendendo o seu filho e sugerindo ideias sobre como ser um bom amigo.
Negativo triplo (padrão de comportamento): quando o seu filho não o escuta, você repreende a criança e assume uma atitude de vítima, sentindo como se ela nunca valorizasse você e o que você diz.

Para algumas pessoas, há ainda um quarto negativo: uma negação do padrão comportamental, durante o qual nem os adultos nem as crianças assumem responsabilidade por suas atitudes. Quando há um quarto negativo, é como pressionar o botão de repetir para que este padrão ocorra reiteradamente. Quando não permitimos que nós mesmos vivenciemos, ou que nossos filhos vivenciem, emoções básicas como a tristeza, a decepção, a preocupação ou a frustração, infelizmente continuamos empilhando camadas de negativos. Muito em breve toda a casa se torna negativa. Como podemos reverter isso e deixar que nossos filhos sintam – e nós mesmos sintamos? Como podemos repousar em um negativo?

Deixando as crianças sentirem

No meu exemplo com a minha filha, ela não parecia estar chateada, apenas preocupada, então eu também demonstrei preocupação. Mas quando as crianças fazem afirmações com mais carga emocional, é ainda mais importante que os pais permaneçam com as emoções.

Com frequência os pais reagem à emotividade dos filhos com o seu lado racional, e isso provavelmente resulta em outro conflito de poder ou em outro beco sem saída.

Veja aqui os passos para deixar as crianças sentirem. Poderíamos chamá-los também de *espelhamento, validação, normalização* ou *escuta reflexiva*:

1) Identificar e focar na emoção do seu filho, em vez de focar no conteúdo da preocupação.
2) Espelhar os sentimentos para o seu filho.
3) Mostrar-se curioso.
4) Validar os sentimentos do seu filho.
5) Deixar que seu filho assuma o controle da solução do problema — é aqui que as crianças se tornam capacitadas e obtêm uma sensação de domínio sobre suas próprias vidas.
6) Mantenha as suas opiniões afastadas do problema da criança. O único momento de você entrar em jogo é com o objetivo de validação: "Eu também me sinto frustrada com isso." Forneça a sua opinião apenas quando o seu filho lhe solicitar especificamente: "Mãe, o que você acha?"

Nesses cenários, o pai ou a mãe não mudou, nem invalidou nem tentou eliminar o pensamento, a emoção ou o problema da criança. Quando os pais refutam as afirmações emocionais dos filhos com comentários como "Você é inteligente e linda", isso nunca faz com que a criança se sinta melhor, pois ao fazer isso ignora-se a preocupação central da criança. No entanto, os pais podem se afastar dos pensamentos distorcidos ao destacar e validar emoções subjacentes, que incentivam o rio emocional da criança a fluir. O processo também incentiva a resolução de problemas e a confecção de sapatinhos.

Exemplo 1

Filho: "Eu me odeio."
Mãe, fazendo o espelhamento: "Você parece estar chateado."
Filho: "Sou horrível."
Mãe, mostrando-se curiosa: "Aconteceu alguma coisa?"
Filho: "Eu só me atrapalho com a lição o tempo todo e entreguei a lição errada. Sou um idiota."
Mãe, validando: "Parece frustrante."
Filho: "E é!"
Mãe: "Você quer conversar sobre isso?"
Filho: "Não, não quero."
Mãe, deixando o filho no controle do problema: "O que você acha que vai fazer?"
Filho: "Não sei. Acho que vou ter que refazer a minha lição."
Mãe, validando ao incluir a si mesma: "Odeio quando isso acontece."
Filho: "É, eu sei."

A mãe não se inseriu no problema nem se opôs ao filho e, como resultado, ficou ao lado dele.

Exemplo 2

Filha: "Sou muito burra."
Pai, fazendo o espelhamento: "Você parece chateada."
Filha: "Eu estou!"
Pai, se mostrando curioso: "O que aconteceu?"
Filha: "Nunca vou conseguir entender matemática."
Pai, validando: "Deve ser angustiante sentir-se assim."
Filha: "E é mesmo."
Pai se contém e não se intromete.
Filha: "Você acha que pode me ajudar hoje à noite?"

Pai, deixando a filha permanecer no controle da situação: "Tudo bem, parece uma boa ideia. Em que você acha que precisa de ajuda?"
Filha: "Preciso de ajuda para entender os primeiros exercícios, pois é nesses que eu sempre me confundo."
Pai: "Tudo bem, me avise quando estiver pronta para começarmos".
Filha: "Obrigada, pai."

O pai fugiu da autocrítica da filha e deixou que ela ficasse no controle da situação, o que na verdade faz com que ela se sinta capacitada e é também mais validador do que simplesmente dizer que ela é inteligente.

Exemplo 3

Filha: "Eu sou tão feia."
Mãe, fazendo o espelhamento: "Querida, você parece estar muito chateada."
Filha: "Estou. Eu sou repulsiva."
Mãe, ficando curiosa: "Aconteceu alguma coisa?"
Filha: "Não. Bem, sim, acho que sim. A Jenny agora está namorando o Eric. E isso faz com que eu me sinta uma fracassada. Não sou nem parecida com *ela*."
Mãe, validando e fazendo perguntas: "Parece frustrante... Você gostava do Eric?"
Filha: "Mais ou menos."
Mãe: "Como ele é?"
Filha se interrompe: "Acho que ele é só um garoto popular... Não o conheço de verdade, mas ele é bonitinho."
Mãe: "Parece ser uma situação difícil, querida. A Jenny é sua amiga?"
Filha: "Não, ela é uma chata."
Mãe, deixando a filha no controle da situação: "O que você acha que vai fazer a respeito disso?"

Filha: "Nada, mas será que podemos alugar um filme hoje à noite?"
Mãe: "É claro, ótima ideia."

A mãe escutou, porém não se envolveu. Ela permitiu que a filha tivesse seus próprios sentimentos e também permitiu que determinasse o que fazer a respeito. Nesse caso, assistir a um filme pode ajudá-la a relaxar um pouco. Em vez de usar o filme como forma de resolver uma emoção, pode ser uma maneira de mãe e filha curtirem uma noite juntas.

Quando os pais têm medo de algum déficit ou problema com seus filhos — quer seja porque os filhos não são inteligentes o suficiente, belos o suficiente, esportivos ou musicais o suficiente —, podem preencher constantemente esse medo com elogios ou aplausos, como se estivessem derramando água dentro de um copo. No entanto, nunca haverá uma quantidade de apoio capaz de ajudar caso exista um buraco no copo da criança. Em vez de derramar elogios, tempo, dinheiro ou energia no sentido de fazer com que nossos filhos se sintam felizes, é melhor validar os seus sentimentos e o fato de que o conflito é uma parte normal da vida. O conflito não é algo para ser encoberto, ou algo de que precisamos nos livrar.

Quando as crianças se sentem vistas e ouvidas, elas seguem em frente: as emoções e os sentimentos passam. Os pais deviam confiar que seus filhos mudarão naturalmente por conta própria quando estiverem prontos. Assim como as nuvens das tempestades chegam e depois vão embora — não há motivos para se alarmar. Esse processo permite que as experiências emocionais negativas permaneçam em um negativo, sem que espiralem tornando-se duplos, triplos ou quádruplos. Quando os pais sentem que precisam "resolver" ou intervir, isso desencadeia a formação de camadas de negativos.

Quantas vezes você tentou deixar o seu filho feliz e o tiro acabou saindo pela culatra? Ou, como no caso da Willow, tentou dar ao seu filho o que ele queria enquanto observava que ele nunca valorizava o seu gesto de fato e, ao contrário, continuava a exigir mais?

Lidando com a Willow

Imagino que alguns aspectos da história da Willow deverão parecer familiares para todos os pais e mães. Muitas vezes ou cedemos e damos aos filhos aquilo que querem — e nos sentimos frustrados por eles não valorizarem o que tanto queriam, ou nos sentimos perturbados por termos voltado atrás com a nossa palavra —, ou mantemos uma postura firme e a atitude da criança se agrava ainda mais, e então ficamos furiosos com ela e conosco. Precisamos aprender a prestar atenção aos nossos próprios sentimentos como pais e a nos comunicarmos de forma respeitosa com os nossos filhos.

Jake, pai da Willow, não queria levar a Doggie para o parque. Ele tinha vários motivos, e, como pai, pode definir as regras e os limites para a filha de cinco anos de idade. A Willow pode ficar triste e decepcionada por não conseguir o que quer. É provável que essa experiência, de não conseguir o que quer, aconteça a cada ser humano do planeta no mínimo uma vez por dia. Não podemos transmitir aos nossos filhos a mensagem de que sempre podem conseguir o que querem, pois, logo adiante, sempre irão se deparar com algo que não podemos lhes dar. Em vez disso, podemos espelhar, sintonizar, validar e estar presentes como pais quando eles se sentirem perturbados.

Embora o Jake goste muito de sua filha e não seja um pai abusivo ou negligente, creio que se esses padrões nada saudáveis entre pai e filha não forem devidamente controlados, isso pode interferir na capacidade da criança de processar emoções e resolver problemas. No caso do Jake, ele está interrompendo o desenvolvimento da capacidade da Willow de se sentir chateada, de resolver aquele sentimento e seguir em frente por conta própria.

Quando as crianças deixam suas emoções sob a responsabilidade dos pais, pedindo que resolvam seus sentimentos, constroem-se padrões emaranhados entre pais e filhos. Quando as relações se tornam emaranhadas, nem o pai, nem a mãe e nem a criança é responsável por seus próprios sentimentos. Isso pode levar os filhos a se sentirem desamparados ou com raiva, pois acreditam que é dever de alguém resolver os seus problemas. Dependem de seus pais, que estendem o couro onde quer que pisem.

O mais importante é que as crianças aprendam a processar suas emoções naturalmente — sem ferirem a si mesmas e a outras pessoas. Podemos trabalhar nisso em casa. Vamos explorar algumas maneiras pelas quais o Jake poderia deixar que a Willow sentisse suas próprias emoções.

"Querida, você está se sentindo decepcionada por eu ter dito que não pode levar a Doggie?", Jake perguntou quando saiu e encontrou Willow chorando na grama.

"Você é um pai malvado", Willow o culpou.

"Willow, você pode dizer 'Estou com raiva de você, pai' ou 'Estou decepcionada com você', mas não pode me chamar de malvado."

"Estou com raiva de você, pai", Willow falou, aborrecida.

"Bem, já sei que você está com raiva de mim. Aceito o seu sentimento. Obrigado por me dizer o que sente. Não precisamos ir ao parque. Você decide se ainda quer ir." Jake ouviu a filha e depois deu a ela uma escolha, ao mesmo tempo mantendo o limite que já manifestara.

Willow disse que ainda queria ir ao parque. Depois que caminharam um pouco, Willow começou a saltitar. Ela sentiu que o pai dera atenção aos seus sentimentos, ela os havia processado e depois seguira em frente. O que as crianças mais querem é ser ouvidas e aceitas, e não conseguir sempre que tudo saia do jeito que desejam.

No parque, Willow começou a tirar os sapatos. Jake lembrou a ela que se tirasse os sapatos eles teriam que voltar para casa, pois ela não pode ficar com os pés descalços no parquinho. Willow ouviu e permaneceu com os sapatos nos pés. Continuou a correr e brincar com o pai e não atirou areia nele quando chegaram à caixa de areia. Jake estava aceitando suas emoções e, com isso, permaneceu em contato com sua própria autoridade. As crianças são naturalmente mais respeitosas com pais que manifestam sua autoridade de uma forma autêntica do que com pais ambíguos ou emocionalmente reativos.

Quando deixamos nossos filhos sentirem, deixamos que tenham suas próprias emoções, o que inclui tristeza e felicidade. Como alguém que ouve, você está deixando a pessoa que ama permanecer com o que sente o tempo que for necessário, em vez de apressá-la para sair logo daquele sentimento, mudá-lo ou consertá-lo. Isso transmite aceitação. É empatia. É muito provável que o seu filho supere aquilo tudo após ser ouvido, porque isso desenvolve a habilidade da criança para a regulação emocional. O processo também favorece limites saudáveis entre pais e filhos, bem como a proximidade nessa relação, pois os sentimentos de ambos os indivíduos são considerados. O pai ou a mãe não está concordando com os caprichos de um filho ou traindo a própria autoridade. Essa capacidade de a criança se equilibrar emocionalmente é um princípio essencial da confecção de sapatinhos.

Recursos internos promovidos com essa abordagem

- Regulação emocional
- Adaptabilidade
- Solução de problemas
- Gratificação adiada
- Tolerância ao sofrimento

CAPÍTULO 2

Removendo as represas do rio: restaurando o equilíbrio

> Foi um dia terrível, horrível, nada bom, muito ruim.
> A minha mãe diz que alguns dias são assim.
>
> **— Judith Viorst,**
> *Alexander and the Terrible, Horrible, No Good, Very Bad Day*[2]

Nossa vida emocional é como um rio que flui através de nós; sentimentos, pensamentos e estados de espírito vêm e vão constantemente. Isso é natural. Às vezes, uma emoção como a tristeza ou a negatividade fica presa em um redemoinho e assume o controle por algum tempo até vir um pedaço de madeira e empurrá-la de volta para a corrente. Em seguida, instala-se um novo pensamento, uma nova perspectiva ou um novo sentimento. As emoções estão sempre mudando e são transitórias se prestarmos atenção a elas e deixarmos que existam.

As emoções também trazem informações que podem nos orientar. Uma preocupação sobre um dia ocupado amanhã pode levar a uma noite de planejamentos, a raiva ou a decepção podem levar a uma comunicação assertiva ou a estabelecer um limite, uma tristeza por causa de uma amiga doente pode levar uma pessoa a preparar refeições para a família dela. Outras vezes não há nada a fazer a não ser aceitar os nossos sentimentos: aceitar a frustração quando nosso voo é cancelado, aceitar a decepção quando um filho faz birra e você está atrasada para uma reunião importante, aceitar a sensação de estar sobrecarregada em um dia caótico.

Às vezes, em vez de sermos orientados por um sentimento, declaramos guerra a ele. Detemos o rio e combatemos a emoção

---

2 N. T. Livro ainda sem tradução no Brasil. Literalmente, *Alexander e o dia terrível, horrível, nada bom, muito ruim.*

em uma tentativa de controlá-la por ser desconfortável. Essas são as represas do nosso rio emocional. Quando nos opomos aos sentimentos, estamos na verdade mantendo-os presos, o que apenas desenvolve mais tensão, confusão e estresse em nossas vidas.

Insônia

Quando eu tinha uma filha de três anos e uma de sete meses de idade, passei por um período de insônia aguda em que me tornei íntima da experiência de combater e represar emoções. Eu me sentia tão cansada e tinha tanta ansiedade por estar cansada que não conseguia dormir. Ser mãe de duas crianças pequenas apenas ampliava a minha necessidade de sono, bem como o meu desespero por não conseguir ter esse sono. Isso ainda alimentou muitos pensamentos negativos com relação à minha capacidade de ser mãe. Na época, lembro-me de sentir a minha vida como se fosse uma obstrução em um rio — a água não se movia porque havia muitas toras empilhadas formando uma parede, e eu estava presa contra a corrente, infelizmente acordada.

Uma noite, quando eu já estava há cerca de um mês sofrendo de insônia, o meu marido botou as crianças na cama enquanto fui para o centro budista local para tentar acalmar os meus pensamentos ansiosos. Ao tirar os sapatos antes de entrar na sala de meditação, observei uma citação fixada na parede que dizia: "O caos é uma ótima notícia." Essa citação me deixou perplexa. Eu estava me dedicando tanto naquele momento à tentativa de recolocar alguma ordem na minha vida, de voltar a dormir. Naquele instante, achei aquela citação insana.

Fiquei, então, surpresa ao ver que o líder do grupo de meditação era meu vizinho. Soube mais tarde que ele é um budista com trinta anos de meditação em seu currículo — logo liguei os pontos e percebi o quanto ele sempre me parecera aberto e presente. Ele também ficou surpreso e encantado ao ver eu me unir ao grupo. Ele me levou até uma sala ao lado para me dar algumas instruções simples sobre a meditação sentada. Explicou: "O foco é apenas observar a respiração, sentir o ar entrando e saindo, para dentro e para fora. Quando você se perder em seus pensamentos, observe a presença deles e volte a sua atenção para a respiração". Eu havia praticado meditação antes, aos meus vinte e poucos anos, mas era uma meditação com foco na recitação de mantras, não apenas na respiração. Sentindo-me frágil e no limite em função da minha falta de sono, perguntei: "Então, o que fazemos com os nossos pensamentos?" (Eu quis dizer "nossos pensamentos loucos e ansiosos", mas não disse). Ele respondeu: "Bem, a isso chamamos de *calmo permanecer*. Você permite que seus pensamentos fiquem ali e traz a atenção gentilmente de volta para a sua respiração, em especial para a expiração." Embora eu ainda estivesse cética e quisesse aprender o que significava exatamente aquele *calmo permanecer*, me senti disposta a tentar.

Naquele ponto, eu já havia procurado medicamentos, remédios fitoterápicos, yoga, travesseiros de lavanda e havia colocado uma lâmpada azul ao lado da minha cama, porém estudar esses conceitos budistas foi — posso dizer enfaticamente — o que curou a minha insônia.

Eu tentava desesperadamente encontrar uma maneira de pisar em terra firme e tentava conseguir dormir. A definição de calmo permanecer é "tolerar ou suportar", "manter-se ou aquietar-se" e, por fim, "habitar". Eu não estava habitando o caos da minha vida com crianças pequenas. Ao contrário, eu fugia. Fugia de todas as incógnitas e de todas as incertezas na tentativa de encontrar alguma ordem, e também estava ocupada em combater os meus pensamentos ansiosos e a minha sensação de exaustão — não admira que não conseguisse dormir.

Em suma, represei o meu rio. Como eu estava me esforçando muito para manter a minha ansiedade e a minha exaustão sob controle e a minha vida "nos trilhos", estava também diretamente gerando tensão e confusão na minha vida. Apenas quando desisti de tentar dormir, e repousei na presença dos meus medos, consegui retomar padrões normais de sono. Ao deixar de lado a expectativa do sono e o medo de não dormir, ao confiar na capacidade inata do meu corpo para descansar, ao confiar nos fluxos do meu corpo, removi a represa. Com a aceitação profunda, com o aquietar e o permanecer, veio o sono.

Ainda que eu jamais deseje insônia a ninguém, agora posso dizer que para mim foi realmente um presente. Aprendi que podemos assimilar novas situações de vida em vez de temê-las ou tentar controlá-las. Quando removemos as represas dos fluxos das nossas emoções, talvez através de uma terapia, da meditação ou de outras práticas que tragam clareza, podemos restaurar a harmonia nas nossas vidas emocionais. Harmonia não significa "felicidade"; não significa ir contra a correnteza, mas, em vez disso, permanecer e aceitar. Como podemos aceitar as nossas circunstâncias e permanecer com as nossas emoções — por mais desconfortáveis que sejam — de modo que elas desapareçam em vez de se agravarem? Como podemos aceitar também as emoções e os conflitos dos nossos filhos em vez de tentar corrigir ou controlar tudo?

Noah

Noah era um garoto brilhante de quatorze anos. Ele podia pensar de maneiras complexas, analíticas, e testes revelaram que ele tinha um QI muito elevado. Parecia ter um futuro promissor, porém sua capacidade de refletir sobre as coisas podia desencadear pensamentos acelerados e uma ansiedade paralisante. Noah parecia ter alguns sintomas obsessivos-compulsivos sutis, como arrumar seu quarto meticulosamente e seguir uma sequência de rituais antes de dormir. As duas mães de Noah eram profissionais "bem-sucedidas" e estavam atormentadas com a ansiedade de o filho ter uma vida de sucesso.

À medida que Noah se aproximava do ensino médio, ele sentiu suas duas mães elevarem o tom no monitoramento das tarefas em casa, concentrando mais atenção nas suas notas e mencionando repetidas vezes os méritos dos altos desempenhos e a competitividade para a entrada nas universidades. Antes mesmo de chegar ao ensino médio, Noah começou a ter dores de estômago e dores de cabeça, além de outras queixas médicas inexplicáveis, que faziam com que ele ficasse em casa e perdesse aulas na escola.

Com o tempo, muitos profissionais médicos começaram a acreditar que as suas doenças estavam relacionadas à ansiedade, o que levou ao diagnóstico de transtorno de ansiedade generalizada. Para lidar com sua inquietação e preocupação difusa, Noah começou a encontrar alívio nos jogos de computador, que davam vazão ao seu intelecto, embora o distraíssem efetivamente de sua ansiedade subjacente em relação à vida ou aos trabalhos escolares. Essa fuga gerou tanto alívio para Noah que ele começou a passar todo e qualquer minuto de folga diante do computador, e evitava a todo custo os relacionamentos pessoais tanto em casa como na escola.

As mães de Noah estavam perdidas. Elas sabiam que ele tinha tarefas e questões ligadas aos estudos que justificavam a necessidade do computador, mesmo assim era difícil monitorar o modo como ele o utilizava, em especial quando dizia que estava fazendo a lição de casa. Elas também sabiam que ele tinha problemas relacionados à ansiedade e não queriam se envolver em conflitos de poder com o filho com relação a regras, então cederam às expectativas familiares e deixaram que ele tivesse algum alívio da ansiedade no computador.

As duas mães trabalhavam, mas logo o monitoramento de Noah se tornou um trabalho de tempo integral para uma delas, Sarah. Ela tirou uma licença do trabalho quando a ansiedade do filho cresceu a ponto de se tornar debilitante. Sarah ficava em alerta constante em relação ao que ele precisava fazer a seguir, e nunca podia prever quando ele conseguiria completar as tarefas ou quando ficaria travado. Isso envolvia praticamente uma vigilância 24 horas por dia.

No entanto, as mães de Noah também estavam sempre atentas aos humores do filho a fim de evitar o desencadeamento de seus rituais de TOC[3] e de ansiedade. Não sabiam como administrar a

---

3 TOC - Transtorno obsessivo compulsivo

situação e mantê-lo sob controle. Por fim, o desempenho escolar do Noah caiu tanto que ele começou a receber notas muito baixas: Cs, Ds e até mesmo uma nota F. O filho brilhante estava fracassando no nono ano[4]. Ele havia efetivamente desistido da escola. De certa forma, suas mães também se sentiam fracassadas.

Profunda aceitação de que os filhos podem ficar paralisados em algum ponto

Quando nossos filhos estão realmente lutando com um problema comportamental, emocional ou de aprendizagem, muitas vezes não queremos ver algo que está bem à nossa frente. Na realidade, encontramos muitas maneiras de distorcer uma verdade que é simplesmente desconfortável demais para reconhecermos. Muitos pais apenas se esforçam cada vez mais para manter o filho no caminho certo. Mas se olharmos claramente o que se apresenta e então aceitarmos o que há ali — este é o momento em que ocorrem as verdadeiras mudanças.

A primeira vez em que um pai ou uma mãe passa por um desses momentos "ahá!" é quando o filho atinge algum limite comportamental e recebe um diagnóstico. Outro momento desses pode se dar quando os pais recebem os resultados de testes acadêmicos ou de uma avaliação psicológica da criança. Ou talvez seja quando recebam uma recomendação para que um de seus filhos comece um tratamento com uma medicação psicotrópica. Essas são mudanças sísmicas imensas que podem ser bem-vindas — para lidar com uma situação comportamental persistente em casa ou na escola — ou temidas. Apesar disso, muitos desses pareceres e avaliações destacam características ou padrões que a criança possivelmente apresentou durante anos — talvez ao logo de toda a sua vida. É comum que os pais se protejam dessas verdades dolorosas — e é notável como muitos se entregam ao pensamento mágico.

---

4 N. T. No sistema educacional americano, o nono ano do Junior High School corresponde ao primeiro ano do ensino médio do sistema educacional brasileiro.

Por exemplo, se uma criança começa uma terapia ou um programa de tratamento, os pais entram direto em um processo de pensamento linear: tratamento = sucesso na escola = formatura = universidade = emprego = vida bem-sucedida. Os pais querem que tudo volte rapidamente ao seu curso — o que é compreensível. Mas ao optarem por não ver o que está diante de seus olhos, acabam construindo represas que mantêm a dor estancada e resistem às correntezas. Os pais *podem* continuar a ter sonhos e desejos para o filho, porém é melhor não projetar essas metas mais longínquas e permanecer no momento presente — por mais incerto que este possa ser.

Para muitos pais, nada na vida do filho seguiu um caminho sequencial ou lógico. A realidade é essa. Melhorar significa, em parte (tanto para o filho quanto para os pais), ver o problema de uma forma crua — e até mesmo deixar que o problema fira seus sentimentos. Lembre-se de que temos que aceitar o fluxo de sentimentos que existe ali — e permitir que essas emoções sigam o seu curso natural. Os pais ficam tristes, com medo e devastados; é melhor sentir essas coisas de verdade. Quando os pais dão o exemplo de que estão com medo de sentir e, portanto, apresentam comportamentos de ansiedade, como tentar consertar as coisas, eles não estão se abrindo e aprendendo com a crise; ao contrário, estão fugindo dela.

Não há problema em sentir o coração partido — isso significa que você ama o seu filho. Uma vez que os pais lamentem a perda da vida que desejavam para o filho, eles podem aceitar e ficar frente a frente com a criança no ponto em que ela se encontra hoje. Para alguns, isso significa abrir mão de ser mãe de um jogador de futebol ou pai de um jogador de hóquei, abandonar o sonho de preparar a filha para a festa de formatura ao final do ensino médio ou levá-la até a universidade escolhida como primeira opção, ou simplesmente perder os eventos que preenchem o curso "normal" ao longo da infância e da adolescência. Enquanto os pais continuarem firmemente agarrados ao que poderia ter sido (consciente ou inconscientemente), sempre haverá um indício de decepção — que as crianças percebem. Quando os pais sentem completamente essa perda, conseguem aceitar quem o seu filho é por inteiro e percebem a dádiva que um caminho não tradicional ao longo da infância e da adolescência pode trazer.

Pema Chodron, professora do budismo tibetano, escreveu em *Quando tudo se desfaz* que abrir mão da esperança é "o começo do começo. Sem abrir mão da esperança — de que exista um lugar melhor para estar, de que exista alguém melhor com quem estar —, nós nunca poderemos relaxar com o lugar em que estamos ou com quem estamos". Além disso, a expectativa está sempre associada ao medo; temos a expectativa de que nosso filho ou filha com problemas vá melhorar, porém tememos que não melhore. Pema escreve: "Em tibetano, a palavra que designa esperança é rewa; a palavra que significa medo é dokpa. De um modo mais geral, utiliza-se a palavra re-dok, que é uma combinação das outras duas. Esperança e medo são um único sentimento com dois lados. Enquanto existir um, sempre existirá o outro. Re-dok é a origem da nossa dor."

Essa é a essência da atenção plena: permanecer presente e vivenciar esse momento — não importa o quanto possa ser doloroso. Se você conseguir fazer isso, é muito provável que também esteja presente quando a dor desaparecer e der lugar a outra emoção. Mark Epstein, um psicoterapeuta budista, escreve: "A minha experiência é que as emoções — independentemente de sua intensidade — não são devastadoras quando as deixamos respirar."

Quando os pais abandonam a esperança, por mais estranho que possa parecer, estão se permitindo sentir esse momento, esse evento. Em vez de ficarem com as emoções presas em seu peito ou em sua garganta, congeladas no tempo, deixam o curso dos sentimentos fluir outra vez — talvez consigam dormir outra vez, sorrir outra vez, até mesmo rir outra vez —, seja qual for o comportamento que seu filho esteja apresentando. Isso é aceitação. Epstein escreve: "A felicidade vem desse abandonar da esperança."

Quando há a esperança de um resultado sequencial — concluir um tratamento, concluir o ensino médio, concluir a faculdade, entrar com sucesso na idade adulta —, há também muita expectativa e pressão. Independentemente dessas expectativas serem silenciosas ou manifestas, as crianças sempre sentirão essa pressão. Quando os pais têm grandes esperanças com relação a mudanças ou resultados, as crianças sempre terão a sensação de que há alguma coisa errada com quem elas são hoje, como se apresentassem algum defeito e precisassem ser consertadas. Muitas reagem a essa pressão de forma passiva ou inconsciente em oposição à falta de aceitação por parte dos pais. Infelizmente, isso pode também significar mais comportamentos autodestrutivos.

Sei que esse é um território confuso e delicado, mas o objetivo é romper padrões paralisados na relação entre pais e filhos. Os pais podem providenciar que os filhos façam algum tratamento para que aprendam estratégias mais eficazes para administrar seus pensamentos, emoções ou suas vidas —, porém estas são habilidades que os pais também podem aprender. Parte disso significa aceitar a dor e a perda associadas aos conflitos do filho.

Ainda assim, a aceitação faz surgir uma suposição desafiadora. Muitos pais sentem que ser um "bom" pai ou uma "boa" mãe significa se esforçar mais. Os pais associam a desistência a não se importar ou mesmo a aceitar o fracasso. No entanto, essa ideia é um pouco diferente. Quando os pais realmente abandonam a esperança, pode surgir algo novo. Ainda pode haver esperanças e sonhos para o futuro, mas os pais precisam se permitir ficar abertos para o presente desconhecido.

Todos nós já ouvimos histórias de casais que lutam para conceber, que tentam tratamentos de fertilidade e que muitas vezes até dão início à papelada para adoção e chegam a ponto de desistir — e então simplesmente a gravidez acontece. Desistir não significa que você não quer mais um filho — significa simplesmente que você aceita o que está posto. Você está se afastando do pensamento mágico, da negação e das distorções, está indo em direção a uma situação de estar entranhado na realidade.

Um pai com quem trabalhei recentemente perguntou sobre a questão da esperança: "Será que não devemos incutir um sentimento de esperança em nossos filhos?." Bem, na verdade não é tão simples. É muito frequente que os pais façam afirmações de esperança e incentivo quando pressionam seus botões automáticos:

"Vai dar tudo certo."
"Não se preocupe."
"Você adora a escola, lembra?"
"Você vai terminar logo, vai ficar tudo bem."
"Não é tão ruim assim."
"Veja pelo lado bom."

Essas afirmações começam a soar como as mensagens pré-programadas de invalidação discutidas no capítulo anterior. A criança está se sentindo triste, frustrada e chateada, e, em vez de ouvir algo que valide a autenticidade da sua experiência, tentam preenchê-la com esperanças. Essa é uma batalha perdida. Todos nós sabemos o quanto as crianças são capazes de estourar os nossos balões de esperança. E logo abaixo da esperança está o medo. As crianças precisam sentir a esperança vir de dentro; não podemos entregá-la a elas como algo que vem de fora. A criança apenas passará a sentir esperança quando estiver pronta. Na verdade, forçar o surgimento da esperança pode com frequência ter um efeito contrário ao desejado. Quando uma criança não se sente ouvida, muitas vezes ela vai escalar para a culpa ao direcionar o seu mal-estar de volta para os pais, com afirmações como "Tudo *está* horrível, e a culpa é sua". A tentativa de dar esperança rapidamente pode causar um colapso, gerando outra discussão ou uma ruptura na relação entre o pai, a mãe e o filho.

Quando os pais se apegam à esperança, acabam por perder a circunstância que o filho vivencia no momento presente. Em vez disso, os pais podem se encarregar do seu próprio processo de crescimento. Essa é a mudança que *podem* controlar. Não sabemos o que o futuro trará para os nossos filhos — por sinal, para qualquer pessoa —, mas os pais podem ter consciência de que estão fazendo a sua parte. Afaste-se do planejamento e vá em direção à incerteza do momento presente. Isso pode proporcionar alívio.

Abordagens paradoxais

Para muitos de nós, aceitar a dor, a confusão, o caos, a decepção ou o medo é algo totalmente paradoxal. Muitas pessoas acreditam que o ideal é lutarmos com a vida. Em alguns casos, isso pode ser verdade, como quando a pessoa luta para defender algo em que acredita. No entanto, com os nossos sentimentos, causamos mais danos quando lutamos com eles. Imagine por um instante qualquer sentimento ou conflito emocional que você esteja vivenciando neste momento. Primeiro, confronte-se com ele com toda a sua força — depois permita-se senti-lo plenamente e aceitá-lo. É muito provável que a última atitude proporcione mais alívio.

Ainda assim, você pode ser um desses pais e mães que pensam: "Meu filho ainda vai se sentir irritado, triste, ansioso ou desanimado, mesmo que eu faça tudo certo — ouvir, refletir e validar." Lembre-se de que nossos filhos *podem* ainda assim ficar irritados; nosso trabalho é simplesmente permitir que sintam. Mas ainda assim é sempre bom ter mais algumas ferramentas no cinto de utilidades caso as crianças estejam se esquivando da vida. A abordagem paradoxal é uma dessas ferramentas.

Pesquisas mostram que as abordagens paradoxais — em especial aquelas relacionadas à ansiedade — são bastante eficazes na redução dos sintomas. Por exemplo, se alguém tem medo de altura, você pode simplesmente dizer a essa pessoa para superar isso, o que na verdade alimenta o estresse. Quando alguém diz "Por que você tem tanto medo de altura?", a mensagem que pode ser ouvida é "O que há de errado com você?". Quando alguém valida ou reassegura a ansiedade, isso na verdade reduz a tensão e permite que a pessoa ansiosa desabafe um pouco e até mesmo comece a relaxar. Uma abordagem paradoxal se aproxima um pouco mais da ansiedade do que o contrário. Tente dizer: "A sua ansiedade na verdade é uma informação importante que o seu corpo fornece. O que você acha que o seu corpo está lhe dizendo?"

Por exemplo, se um menino sente ansiedade em relação à escola, o pai poderia dizer a ele: "É totalmente certo e normal a pessoa se sentir ansiosa na escola. Você pode tentar combater essa ansiedade, mas acho que mesmo assim ela vai continuar existindo. É melhor aceitar esse sentimento. E se você se permitir ficar ansioso, ou mesmo permitir que isso seja algo bem-vindo? Todos os dias que você vai para a escola estão na verdade expandindo o seu mundo — se você estiver ansioso, isso significa que você está crescendo e expandindo o seu universo. Sentir-se ansioso pode ser uma coisa boa". Embora seja paradoxal e possa não fazer sentido com tanta obviedade, realmente funciona.

Quando a filha estiver realmente triste e sem sair da cama, uma mãe pode dizer: "A sua situação parece ser realmente perturbadora. Posso entender o motivo pelo qual você se sente triste. Talvez você não deva sair da cama até que esteja pronta para isso." Isso inverte completamente a situação na cabeça da criança ou adolescente, e também remove qualquer conflito de poder no relacionamento entre mãe e filha. Além disso, elimina qualquer gratificação que a criança possa obter com a resistência. Nesse exemplo, a filha sairá da cama mais rápido porque ela não vai ganhar nada por ficar na cama, exceto mais tristeza. A partir do momento em que for ouvida e validada pela mãe, ela irá processar a emoção e sentir o impulso de superar e seguir em frente. Os pais não se contrapõem à emoção da criança, e a criança não se contrapõe à própria emoção, logo o rio segue o seu curso.

É muito bom experimentar as abordagens paradoxais — elas essencialmente levam um pouco além a ideia da aceitação dos sentimentos ao enquadrarem a emoção negativa como algo positivo. A emoção negativa se torna algo a aceitar e descobrir, em vez de algo a combater como se fosse uma droga, um litro de sorvete ou um videogame. As abordagens paradoxais continuam enviando a mensagem de que não há nada errado com os sentimentos.

Restabelecendo o equilíbrio

Todos nós temos os nossos próprios fluxos emocionais. Podemos não ter o controle daquilo que sentimos, mas acredito que estamos no controle de como reagimos e como nos comportamos em resposta a esses sentimentos. O mesmo é verdadeiro para os nossos filhos — certamente não podemos mudar os seus sentimentos, mas podemos ensiná-los a aceitar, validar e permanecer com o que sentem.

Com crianças pequenas, a maioria de nós tenta direcionar, administrar e controlar as emoções dos nossos filhos represando ou redirecionando seus fluxos emocionais. Isso exige muito trabalho e só funciona por algum tempo; não é algo sustentável a longo prazo. A água é muito poderosa, e embora com crianças pequenas pareça que possamos preparar canais e galerias de escoamento para animá-los e consertar suas decepções, com o tempo a corrente pode se tornar mais forte do que nós. Em seu livro *Blessings of a Skinned Knee*[5], a psicóloga clínica Wendy Mogel escreve que, em sua experiência, muitas crianças costumam ouvir o quanto são "especiais" e isso pode perturbar o seu equilíbrio. Ela escreve: "Se a pressão de ser especial ficar muito intensa, a criança acaba chegando ao consultório do terapeuta sofrendo de distúrbios alimentares ou distúrbios ligados ao sono, dores de estômago crônicas, arrancando os cabelos (tricotilomania), depressão e outras doenças."

O que aconteceria se apenas deixássemos que seus rios corressem, se deixássemos que sentissem e fossem quem eles são sem rótulos de "bom", "ruim", "especial" ou "inteligente"? Quando validamos e prestamos atenção, aceitamos os nossos filhos por aquilo que são. O que podemos redirecionar são os comportamentos, não seus temperamentos ou seus fluxos emocionais.

---

5 N. T. Título ainda sem tradução no Brasil. Literalmente, *Os benefícios de um joelho esfolado.*

Reagindo a Noah

A família de Noah estava realmente obcecada com a esperança (de grandiosidade) e com o medo (do fracasso). As duas mães represavam seus próprios rios emocionais tentando gerir a ansiedade que sentiam em relação ao futuro da criança e tentando controlar e corrigir o filho. Em resposta aos seus próprios sentimentos de ansiedade, Noah represou seu próprio fluxo emocional e começou a passar por problemas de saúde. Fechou-se emocionalmente, se esquivou da vida e passou a desenvolver até mesmo uma dependência do computador.

A família do Noah pode restabelecer o equilíbrio ao se permitir sentir as próprias emoções e ao aceitar as situações presentes em suas vidas. Em vez de vigiar cuidadosamente a ansiedade do Noah para tentar mantê-lo em seu caminho, suas mães podem desistir de controlar os sentimentos dele e simplesmente responsabilizar o filho por seu próprio comportamento. Veja um exemplo:

"Noah, percebemos o quanto você está ansioso. Sei porque eu mesma tenho ansiedade. Imagino que seja realmente desconfortável para você. Imagino também que arrumar o seu quarto e jogar computador possa lhe dar um alívio temporário. Mas também sabemos que os jogos de computador não são saudáveis quando jogados em excesso. Nós vamos estabelecer um limite de apenas duas horas de computador por noite, que você precisa utilizar para fazer as suas tarefas da escola. Vou também convidar você para pesquisarmos habilidades e técnicas de enfrentamento que ajudam a lidar com a ansiedade. Podemos levá-lo a um terapeuta cognitivo-comportamental, a uma aula de meditação ou relaxamento, ou talvez alguma outra ideia que você mesmo possa ter — mas vamos pedir que você escolha algum tipo de tratamento para a sua ansiedade. Nós também vamos lidar com a sua ansiedade como mães; sei que temos nos preocupado muito com você e tentado resolver os seus problemas. Queremos que resolva os seus problemas, mas estamos aqui para ajudá-lo. Estamos sempre aqui para conversar."

As mães do Noah podem confiar que os talentos e a própria inteligência natural do filho vão florescer quando ele aprender a administrar melhor a ansiedade. Elas também podem ouvir e validar os sentimentos e as preocupações do Noah sem tentar mudá-los.

Embora os pais não possam direcionar as emoções da criança, eles podem direcionar o seu comportamento. Os pais podem estabelecer limites com consequências em relação ao uso do computador, ao desrespeito, ao autoisolamento no quarto e a se esquivar da vida em família — mesmo para uma criança com algum transtorno de ansiedade —, pois tudo o que esse tipo de comportamento faz é acrescentar camadas ao problema. Os pais podem ajudar as crianças a ter um tratamento e devem incentivar o uso de estratégias eficazes de enfrentamento. Se Noah fizer escolhas ruins, ele irá enfrentar as consequências tanto por parte de suas mães como por parte da escola. Não há necessidade de que suas mães resolvam ou interfiram nisso.

Acredito que a maior parte das crianças não mudará de comportamento a menos que seus pais aceitem, normalizem e validem quem seus filhos são e o que sentem. Tirar apenas notas "A" não é tão importante para uma criança quanto ser capaz de confeccionar sapatinhos, como ser capaz de gerir a própria vida. Quando as crianças se sentirem no comando de si mesmas e de suas vidas, serão capazes de utilizar sua inteligência e seus talentos.

O Futuro

Os pais podem empregar essas práticas e alcançar novos resultados na família. Tenho visto muitas vidas transformadas dessa maneira. Quando os pais passam a ser honestos e presentes com os próprios sentimentos, são capazes de honrar e validar os sentimentos dos filhos. Isso é, obviamente, um otimismo a longo prazo; imagino que, a curto prazo, a maioria das famílias terá altos e baixos, e é por isso que é importante que os pais afrouxem o controle quanto ao planejamento e à programação do progresso da criança. Dentro de um, dois ou cinco anos, haverá um movimento considerável e uma oportunidade para uma criança crescer, concluir seu desenvolvimento emocional e integrar com sucesso os ganhos dessas práticas de educação dos filhos. Se os pais incorporarem esperança e medo a cada relatório de terapeuta, cada boletim escolar, cada avaliação, então haverá um aumento no sofrimento. No entanto, com tempo e confiança, podem permanecer firmes, repousar com seus sentimentos e abster-se de um envolvimento excessivo, permitindo que as crianças confeccionem seus próprios sapatinhos.

Recursos internos promovidos com essa abordagem

- Regulação emocional
- Gratificação adiada
- Tolerância ao sofrimento
- Aceitação da impermanência
- Adaptabilidade

CAPÍTULO 3

Habilidade: Deixando o rio do seu filho correr

> O essencial para se ouvir os sonhos de alguém é manter a pessoa se esforçando e processando, em vez de se colocar na posição de quem precisa ter todas as respostas.
>
> — **Thomas Bien,** *Mindful Therapy*[6]

O que você faz quando o seu filho sente dor? Qual é a diferença entre harmonização emocional e resgate emocional? As suas reações ao seu filho vêm de um lugar de compaixão ou de medo? Essas questões são fundamentais — se os seus motivos subjacentes têm a ver com salvar os seus filhos do conflito porque você está com medo de que eles sintam dor, é muito provável que esteja estendendo o couro no chão e represando os fluxos dos sentimentos deles. (E muito provavelmente dos seus também.)

Quando deixamos seus rios correrem, deixamos que nossos filhos vivenciem sua gama completa de sentimentos, o que representa uma parte normal da experiência humana. Devemos estabelecer limites ou simplesmente ignorar (em vez de recompensar com atenção) os comportamentos inadequados — lamentação excessiva, gritos, manifestação inapropriada de raiva, bullying, autoidentificação como vítima, manipulação emocional, desobediência, fechamento e isolamento —, mas não devemos tentar mudar as suas emoções. As crianças têm direito a ter um dia ruim. Devemos nos perguntar por que a felicidade dos nossos filhos é uma "tarefa" nossa.

Grande parte da educação dos filhos — aparentemente baseada

---

6 N. T. Livro ainda sem tradução publicada no Brasil. Literalmente, *Terapia da atenção plena.*

na empatia que se arraigou na nossa cultura nos dias de hoje — baseia-se na verdade assim que atingimos um pouco abaixo da superfície. O que tememos tanto?

A educação dos filhos baseada no medo

Vamos dar nome aos bois. Quando pais e mães pisam em ovos dentro de suas próprias casas para se adaptar aos humores e sensibilidades dos filhos, preocupados em fazer alguma coisa errada e prejudicar os filhos — esse comportamento é acionado pelo medo. Quando dormem com os filhos noite após noite, mesmo quando querem parar e quando agir assim interfere em suas vidas, seus casamentos, suas vidas profissionais —, outra vez o medo atua como uma corrente oculta de tensão dentro de casa. Medo que o filho seja frágil demais para dormir sozinho, medo que a criança fique com raiva ou se sinta triste. Quando os pais se veem elaborando todo tipo de desculpas para o mau comportamento de seus filhos, fazendo vista grossa ao desrespeito e até mesmo tolerando abuso verbal e emocional por parte dos filhos, na verdade estão motivados pelo medo. Quando os pais revisam e supervisionam todas as tarefas atribuídas na escola até o fim do ensino médio e até mesmo no início da faculdade, isso é a educação dos filhos baseada no medo. Não admira que nossos filhos sejam ansiosos.

Infelizmente, muitos pais consideram que essas medidas extremas são um sinal de sua dedicação à criança. Mas devemos nos perguntar se nos dedicamos a ensinar os nossos filhos a confeccionar seus próprios sapatinhos ou se nos dedicamos a uma vida inteira forrando com couro o chão em que nossos filhos irão pisar. Os dois tipos de pais e mães — os que confeccionam sapatinhos e os que estendem o couro — amam seus filhos; a questão não é o amor, a questão é o medo. Os pais que ficam o tempo todo pairando em torno dos filhos temem que eles experienciem a dor — porque eles mesmos têm medo de sentir dor.

Infelizmente, não estamos ajudando os nossos filhos quando fazemos todo o possível para nos ajustarmos a eles. Isso os torna dependentes de nós. Precisamos ensiná-los a ser independentes entregando-lhes as rédeas cada vez mais.

Se pensarmos que os pais são 100% responsáveis pelo bem-estar de uma criança pequena, e que provavelmente esperam ser 0% responsáveis por um filho de 25 anos de idade, entendemos que precisam ir passando cada vez mais a responsabilidade para os seus filhos. Se utilizarmos essa lógica, os pais devem ser responsáveis por cerca de 50% do bem-estar de um filho de doze anos e meio de idade. Isso significa dizer que a metade dos cuidados com uma pré-adolescente recai sobre seus próprios ombros. Isso inclui acordar sozinha, se vestir, fazer a higiene, preparar o próprio café da manhã e embalar o lanche da escola, organizar o seu quarto e a mochila para a escola, contribuir nas tarefas domésticas como cozinhar, lavar roupas ou levar o cachorro para passear, ser responsável por fazer a lição de casa, ser responsável perante a família ao apresentar comportamentos que não forem saudáveis, seguir as regras e expectativas da família, ir para cama na hora de dormir, e assim por diante. Os pais fazem as compras e a maior parte das tarefas da cozinha e da limpeza, levam os filhos para a escola e para outras atividades, pagam as contas e cobram responsabilidade dos filhos quando estes se comportam de forma inadequada, mas não devem invadir o território dos filhos.

Hoje, no entanto, a maior parte dos adolescentes e pré-adolescentes que têm pais na classe média profissional são cercados por esses pais que ainda assumem de 75% a 90% da responsabilidade pelo bem-estar e pela educação dos filhos. Se a criança apresentar quaisquer necessidades especiais ou problemas de saúde mental esse número tende a saltar para 99%. Com essa dinâmica, é muito frequente as crianças apresentarem passividade e traços de desamparo, enquanto os pais entregam suas vidas e suas personalidades à criação dos filhos. As crianças precisam ser investidas de autonomia perante suas próprias vidas, seus próprios futuros e os resultados de suas próprias decisões. Isso é perfeitamente possível, mesmo para uma criança com dificuldades de aprendizagem, sensibilidade emocional ou algum transtorno de saúde mental.

Como os pais podem se afastar da educação dos filhos baseada no medo? Ao remover as represas aos poucos, interromper todo o trabalho extra dos bastidores e simplesmente deixar que os filhos tenham seus próprios sentimentos. Isso pode significar que a criança fique com raiva do pai ou da mãe por algum tempo, pois ele ou ela não estão mais fazendo o tanto que faziam antes. Não há nada de errado nisso; nós precisamos deixar as crianças a cargo de seus próprios sentimentos — e de suas próprias vidas.

Habilidades de ouvinte

Na próxima vez em que seu filho o abordar ou lhe telefonar com uma emoção negativa, em vez de tentar consertar ou animá-lo (ou sentir-se frustrado ou decepcionado por isso ser uma tarefa sua), realmente relaxe e ouça. A seguir, você encontrará alguns exemplos de harmonização emocional — não resgate emocional — com a utilização dos passos descritos no Capítulo 1 deste livro.

Esses tipos de respostas permitirão que você ouça os sentimentos do seu filho. Nessas respostas, você está permitindo que a correnteza do seu filho flua. Está permitindo que a emoção do seu filho permaneça no departamento dele. Você está enviando a mensagem de que você acredita que seu filho é capaz de resolver o problema que é dele. Como ouvinte, você está transmitindo aceitação. É possível que, após ser ouvido, seu filho consiga superar e seguir em frente, emocionalmente falando. Quando se sentem prontas, as crianças mudam por conta própria. Deixar que elas permaneçam com seus sentimentos significa celebrar as texturas da vida.

1) Concentre-se na emoção da criança e não no conteúdo do problema (escola, amigos, jantar, lição de casa etc.). Por exemplo, se a criança fizer qualquer um dos comentários a

seguir, o que ela está sentindo de fato?
"Não consigo fazer nada certo."
"Você me deixa tão furioso."
"Isso é muito injusto."
"Tanto faz."
"Você não está nem aí para mim."
"Foi tudo culpa do Billy."

2) Faça os sentimentos serem refletidos de volta para o seu filho.
"Você parece estar chateado."
"Vejo que você está revoltado."
"Você parece exausto, querido."
"Você parece estar realmente decepcionado."
"Você parece estar triste."

3) Demonstre curiosidade.
"O que houve?"
"Aconteceu alguma coisa entre você e Jenna?"
"Você pode me falar mais sobre esse assunto?"
"Sabe, a sua tristeza parece importante. O que você acha que há por trás disso?"
"Vi que você foi para o seu quarto, mas não sei o que está pensando ou sentindo. Você quer conversar sobre isso?"
"Posso até tentar imaginar por que motivo você está na cama o dia todo, mas na verdade eu não sei. Você pode me dizer o que está sentindo?"

4) Quando seu filho responder, valide os sentimentos dele.
"Isso deixa a pessoa ansiosa!"
"Que decepcionante!"
"Isso é muito frustrante."
"Isso parece ser tão complicado."
"Isso é difícil mesmo."

"É assustador passar por algo assim."

5) Deixe que seu filho seja responsável por resolver o problema.
"O que você acha que vai fazer?"
"Como você acha que vai lidar com isso?"
"Há alguma maneira de você resolver o problema?"
"O que você vai fazer a respeito disso?"

6) Afaste-se de tentar consertar e resolver a todo custo e apenas ofereça seus conselhos caso seu filho peça especificamente.
"Se você quiser conversar mais, estarei aqui."
"Você é bom em resolver esse tipo de coisa."
"Você consegue."

Afirmações "Eu sinto"

Fazer longas caminhadas, meditação, manter um diário — estas são algumas das maneiras através das quais os adultos conseguem entrar em sintonia com os seus próprios sentimentos. Tornar-se consciente dos seus sentimentos não é nenhuma sugestão *new age*; é algo essencial para a confecção de sapatinhos. Os pais podem se tornar mais autoconscientes com o desenvolvimento de práticas autorreflexivas. Muitas vezes, quando os pais reagem a situações, comportamentos ou eventos, estão buscando desesperadamente soluções fora de si mesmos e tentando alcançar soluções rápidas, em vez de consultarem suas próprias verdades ou intuições.

Os pais precisam obter clareza em relação ao que sentem. Nas relações emaranhadas entre pais e filhos, pode ficar bastante obscuro saber quem está sentindo o quê, pois os pais estão ocupados em cuidar das emoções do filho — antecipando o que o filho pode estar sentindo, presumindo que esteja chateado ou perturbado e seguindo um curso de comportamentos baseado nessa suposição.

Os pais são responsáveis apenas por seus próprios sentimentos e comportamentos e, da mesma forma, os filhos são responsáveis apenas pelos seus próprios sentimentos e comportamentos. Os pais não conseguem ter um diálogo verdadeiro e estar emocionalmente sintonizados com os filhos se não conhecem as suas próprias emoções.

Uma maneira fundamental para diferenciar o que um pai e um filho sentem é utilizar as afirmações que começam com "Eu sinto". Tais afirmações "Eu sinto" comunicam aos filhos que os pais são seres humanos — com seus próprios pensamentos e sentimentos. Quando as crianças agem com desrespeito ou quando mentem, os pais têm seus próprios pensamentos e sentimentos relacionados a esse comportamento. Os pais podem se sentir tristes, preocupados, furiosos ou impotentes — e as crianças precisam saber o modo como afetam as outras pessoas.

Quando os pais desistem de gerir a vida dos filhos e percebem que sua função é apenas gerir seus próprios pensamentos e sentimentos, isso tem o poder de libertá-los para serem assertivos e transparentes. No momento em que os pais se tornarem transparentes quanto à sua consciência emocional, ao seu pensamento e à sua comunicação, ficarão muito mais transparentes em relação ao seu modo de educar os filhos. Uma metáfora que uso seguidamente com os meus clientes é que os pais precisam "limpar o seu lado da rua". Quando colocam seus mundos emocionais em ordem, limpam sua própria bagunça e se comunicam de maneira clara e centrada, recuperam a sua força.

Assim como não podemos dizer a uma criança que seu sentimento é certo ou errado, o mesmo se aplica a nós. Quando uma criança está triste, assustada, com vergonha ou chateada, isso é apenas a sua experiência. Quando os pais têm clareza e consciência dos próprios sentimentos, não existe certo nem errado; há simplesmente a experiência daquele pai ou daquela mãe. É importante que identifiquem as palavras que designam os sentimentos: *com raiva*, *triste*, *preocupado* e *devastado*. A partir do momento em que os pais tiverem uma consciência clara sobre o que sentem, terão uma noção mais clara de como se comunicar e como responder.

A afirmação "Eu sinto" é a ferramenta mais eficaz que encontrei para uma comunicação transparente. É útil até mesmo para o diálogo interior; colocar os nossos pensamentos e as nossas emoções nesse formato obriga-nos a desacelerar e equilibrar a nossa paisagem interna. Esse formato permite que sejamos assertivos e responsáveis pelo que sentimos. Mais importante ainda, as afirmações "eu sinto" removem a palavra "você". Quando removemos as afirmações que começam com "você", nós nos afastamos da culpa e nos aproximamos do diálogo verdadeiro. Da seguinte maneira:

> Eu sinto (emoção)
> Eu me sinto assim quando (evento)
> Eu sinto isso porque penso que (pensamento, ponto de vista)
> Minha expectativa/meu plano/minha questão é que (ação)

Quando os pais limpam o seu lado da rua e se afastam da culpa, expõem o quintal bagunçado da criança. Assim estão dando o exemplo da responsabilidade. Afastam-se dos conflitos de poder enquanto se aproximam do diálogo transparente, e promovem a diferenciação entre pais e filhos. Temos que parar de administrar as bagunças dos nossos filhos. As crianças só arrumarão a própria bagunça quando perceberem que ninguém mais fará isso por eles, que isso é sua responsabilidade, que a vida é deles. Arrumar a nossa própria bagunça é, na verdade, algo muito fortalecedor.

Um exemplo simples

> Eu me sinto triste.
> Eu me sinto assim quando você usa um tom de voz desrespeitoso comigo.
> Eu me sinto assim porque acredito que precisamos nos

comunicar com respeito com as pessoas que amamos.

A minha expectativa é que você possa me dizer o que está sentindo em vez de usar um tom agressivo. Espero que você me fale caso eu use um tom desrespeitoso com você.

Um exemplo informal

Eu me sinto preocupado quando vejo você intimidar o seu irmão. Eu me pergunto o que você está sentindo para agir assim. Pode me dizer o que você está sentindo?

Um exemplo interativo

Mãe: Eu me sinto chateada e triste em saber que você mentiu sobre aonde você foi depois da aula. Pode me contar o que aconteceu?
Filha: Bem, eu ia ligar para você, mas a Jinny mudou os planos, me deu uns doces e me pediu para prometer que não ia ligar para você.
Mãe: Como você se sentiu em relação a isso?
Filha: Não gostei.
Mãe: O que você poderia fazer diferente na próxima vez?
Filha: Não sei. Ela sempre tem doces e me faz prometer.
Mãe: Querida, você é responsável apenas por você mesma e pelas suas escolhas. Pode ser que ela faça isso todos os dias — há mais alguma coisa que você possa fazer?
Filha: Bem, posso dizer a ela que não pode me controlar.
Mãe: Muito bem, parece bom. Só para que você saiba, na vida, vai ser você quem sofrerá as consequências por mentir, não a Jinny.
Filha: Eu sei.

Uma afirmação "Eu sinto" com um limite

Eu me sinto impotente e confuso.
Eu me sinto assim quando você fica na cama e se recusa a ir para a escola, demonstra desrespeito comigo e depois sai da cama para encontrar os seus amigos.
Eu me sinto assim porque não sei o que fazer quando você se fecha. Não posso controlar se você vai ou não para a escola, mas não posso permitir que ligue ou saia para encontrar os amigos no dia em que falta às aulas. Não vamos facilitar tanto as coisas para que você escolha não ir para a escola e, ainda assim, encontre os seus amigos. Encontrar-se com os amigos significa envolver-se em uma vida plena, o que inclui os estudos.

Perguntando às crianças o que sentem — permitindo uma lacuna

Quando perguntamos às crianças o que sentem estamos pedindo que sejam autoconscientes, que se envolvam, que compartilhem e participem na família. É claro que não sabemos se vão compartilhar, o que cria uma lacuna de incerteza. Mas quando os pais "resgatam" o desconforto percebido de uma criança, esses esforços se destinam a controlar a incerteza, e estão se intrometendo no domínio da criança e promovendo a dependência em vez da participação.

Se o seu filho vai para o quarto dele, bate a porta e se recusa a falar com você, pode haver uma miríade de razões para ter escolhido esse comportamento. Muitos pais começam de imediato a pensar na tentativa de desvendar o comportamento, e fazem todo o tipo de suposições sobre o que está acontecendo, o que eu chamo de "preencher as lacunas". Por exemplo, um pai ou uma mãe poderia supor que o filho esteja com raiva dele ou dela, ou poderia presumir que o filho tenha sofrido bullying naquele dia. Quando o pai ou a mãe de fato não sabe o que o filho está pensando ou sentindo, embora siga um curso de ação com base em uma suposição, esse é um esforço a fim de preencher qualquer incerteza. Quando os pais preenchem as lacunas, não estão pedindo que a criança seja responsável pela sua parte na relação entre os pais e o filho. Em vez disso, podem parar, ir até a criança e perguntar o que ela está pensando e sentindo — isso aumenta a capacidade de compreensão do mundo interno do filho.

Em sintonia emocional, os pais simplesmente espelham os fatos observáveis; não trabalham incansavelmente nos bastidores para preencher as lacunas. Assim, um pai ou uma mãe pode dizer: "Percebi que você está chateado, vi que bateu a porta do quarto e resolveu se isolar. Mas esses comportamentos não me dizem o que você está pensando ou sentindo. Estou aqui para ouvir caso você queira falar a respeito." Desse modo, os pais deixam a questão sobre os ombros do filho. Estão permitindo que a lacuna exista — o que pode ser assustador. Normalmente, os pais são bons em tirar conclusões precipitadas e pensar que sabem o que está acontecendo. Em geral, isso irrita ainda mais o filho.

Neste cenário, o pai ou a mãe não está invadindo o território do filho. Em vez disso, está respeitando o limite da criança, embora esteja também abrindo a porta para o diálogo ao entrar em sintonia e afirmar: "Percebo você e estou aqui." Neste sentido, o pai ou a mãe vai em direção aos sentimentos e se afasta de qualquer tentativa de resolver a situação.

Mais adiante, o filho responde ao pai ou à mãe e abre a porta do quarto:
Filho, respondendo à solicitação do pai ou da mãe ao utilizar uma afirmação "Eu sinto": "Só estou com raiva porque o Connor foi muito cruel hoje."
Pai/Mãe, demonstrando empatia, validação e curiosidade: "Ah, parece difícil mesmo, aconteceu alguma coisa?"
Filho: "Bem, ele não me deixa jogar com o grupo dele na hora do intervalo."

Pai/Mãe, demonstrando curiosidade: "Isso parece doloroso; as crianças podem ser realmente cruéis às vezes. O que você acha que vai fazer agora?"
Filho: "Bem, o Jeff e o Brian sempre jogam futebol no intervalo, então acho que posso jogar com eles."
Pai/Mãe, demonstrando curiosidade: "Você gosta deles?"
Filho: "Sim, são amigos legais."
Pai/Mãe: "Bem, parece ser uma boa escolha. Obrigada por me dizer como você se sente. Há mais alguma coisa?"
Filho: "É só que eu tenho um trabalho importante da escola para fazer hoje à noite."
Pai/Mãe: "Certo. Bem, me avise se precisar de ajuda."

Quando os pais conseguem harmonia sem tentar consertar as coisas, isso muitas vezes leva ao compartilhamento dos sentimentos por parte dos filhos. Quando se abstêm de preencher as lacunas sobre o que seus filhos pensam e sentem, as crianças realmente dão um passo adiante e eles mesmos as preenchem.

Em muitas das minhas oficinas, tenho notado que os pais se sentem muito desconfortáveis com essa lacuna. Querem constantemente construir uma ponte até o domínio da criança, para que ela não se sinta sozinha, não se sinta triste, irritada, preocupada. Acham que deixar uma lacuna significa uma espécie de abandono. Embora possa ser assustador mudar a relação entre pais e filhos, essa lacuna permite um espaço para que surja algo novo: um espaço vulnerável.

Vou compartilhar um exemplo. Minha filha mais velha precisou ir embora de uma festa especial de fim de ano porque sua irmã mais nova estava doente. Na volta para casa, a minha filha mais velha, ainda com oito anos, parecia uma adolescente revoltada, explodindo de raiva e dizendo ao meu marido todas as razões pelas quais ele estava arruinando a vida dela. Meu marido vasculhou todos os pensamentos que lhe vieram à mente. Primeiro quis consertar o sentimento dela retornando para a festa, apesar de nossa filha mais nova estar desmaiada no carro. Depois quis gritar com ela também para fazê-la parar, pois os seus gritos estavam despertando a raiva dele. A seguir, quis negociar com ela sobre o que ganharia caso se acalmasse. Por fim, ele fez essencialmente o que praticamos, que é a validação. Ele disse: "Entendo o quanto você está triste e frustrada e o quanto se sente irritada." No momento em que meu marido não se envolveu, permitiu que todas as emoções permanecessem sobre os ombros da minha filha. Isso deixou uma lacuna. Ele não tentou amenizar as coisas — às vezes as crianças ficam doentes e os planos mudam. No entanto, na manhã seguinte, a minha filha fez questão de preencher ela mesma a lacuna; veio até o meu marido, desculpou-se por tê-lo tratado tão mal, falou o quanto estava arrependida por seu comportamento e depois desculpou-se com a irmã.

Nas minhas experiências, as lacunas são com frequência preenchidas com as crianças dando um passo adiante e compartilhando mais, o que gera uma relação mais rica entre pais e filhos. Isso pode não acontecer da noite para o dia, e exige que os pais permaneçam com a incerteza, mas pode mudar a dinâmica; em vez de o pai ou a mãe ficarem no encalço da criança e a criança se distanciar, ambos podem compartilhar igualmente e se envolver no relacionamento.

Isso significa intimidade e proximidade na relação entre pais e filhos. Os pais têm uma escolha: será que eu quero me relacionar com os meus filhos fazendo consertos ou compartilhando? A sintonia emocional e as afirmações "Eu sinto" são uma estratégia fundamental para que as crianças processem e regulem as emoções, e tolerem o sofrimento — todos os ingredientes-chave para os sapatinhos.

TAREFA: ESCRITA LIVRE
PARA O SEU DIÁRIO

1) O que você precisa fazer para aceitar mais profundamente o seu filho e seus conflitos?
2) O que o impede de aceitar os seus sentimentos ou a sua situação atual?
3) O que acontece se você tocar na dor e no medo que existem por trás do seu comportamento?
4) Você consegue se afastar da esperança e do medo para aceitar o momento em que seu filho está hoje?
5) Você consegue se comunicar com uma afirmação "Eu sinto"?

PARTE II

A natureza:
A causa e o efeito dos comportamentos

CAPÍTULO 4

Espelhando o comportamento dos nossos filhos

> Quando caímos no chão nos machucamos, mas também precisamos confiar no chão para conseguirmos nos levantar.
>
> — **Kathleen McDonald**, *Como meditar*[7]

Uma característica distintiva de quando se opera no padrão de estender o couro para os filhos é o foco dos esforços parentais em "superar cada dia" em vez de dar às crianças os limites e contornos necessários para desenvolverem habilidades futuras. Por eu trabalhar em grande parte com pais de adolescentes, muitas dessas crianças hoje estão com dezoito anos, e ainda assim são muito mais jovens emocionalmente, pois seus pais se esforçaram muito para conseguir fazer com que passassem por cada semestre, cada ano escolar, cada período de férias de inverno, de verão, e assim por diante. Os pais fazem todo o "esforço", o que retira a responsabilidade e o processo de amadurecimento das crianças.

Por que os pais estão fazendo tanto esforço? Uma das reservas que temos quanto a estabelecer e impor limites para os nossos filhos se refere à possibilidade de os deixarmos perturbados. Muitos pais acreditam que grande parte de seu trabalho é confortar os sentimentos dos filhos e alegrá-los, então lutam com pensamentos do tipo "Como faço para dar uma consequência para o mau comportamento do meu filho quando sei que ele poderá chorar ou sentir raiva — não é meu dever também acalmá-lo?". Muitos pais oscilam entre estabelecer limites para depois removê-los e confortar a criança. Essa ambiguidade atrapalha o processo de confecção de sapatinhos, pois as crianças são resgatadas das suas

---

7 N. T. No original, *How to Meditate*.

emoções e do enfrentamento das consequências. No entanto, as consequências — sejam naturais ou lógicas — proporcionam um espelhamento, que é o melhor amigo do pai ou da mãe.

Em muitos de seus livros e palestras, o Dalai Lama fala sobre autodisciplina. Afirma que toda disciplina é autodisciplina. Se a disciplina vem de fora, é hegemonia. É claro que as crianças não nascem com autodisciplina — ela é aprendida. Em "Conselhos sobre a morte"[8], o Dalai Lama elabora que a autodisciplina vem apenas quando estamos conscientes das consequências ou quando vivenciamos as consequências. As consequências são de fato presentes que orientam e guiam o comportamento. Como exemplo, ele conta a história de quando teve gastroenterite. Apesar de gostar de alimentos apimentados e ácidos, enquanto esteve doente precisou se privar de comer esses alimentos para cuidar do estômago. Neste sentido, ele foi disciplinado. Naquele momento, esse tipo de consequência natural deu-lhe um feedback em relação às suas escolhas alimentares. Em seu livro Sorria para o medo[9], o professor do budismo tibetano Chogyam Trungpa Rinpoche afirma que o mundo está sempre nos dando algum feedback. Qualquer escolha que façamos, positiva ou negativa, tem um feedback correspondente sobre as ações que fazemos ou as ações que evitamos. Podemos confiar que sempre haverá uma resposta do mundo.

Se não fizermos a lição de casa, é possível que tenhamos um desempenho ruim na aula. Se não formos para o trabalho, podemos perder o emprego. Se tratamos mal o nosso cônjuge/companheiro, ele ou ela pode optar por terminar o relacionamento. Todos nós temos escolhas todos os dias, e as consequências naturais são a base das nossas escolhas. Há sempre causa e efeito; há sempre um espelho. O mesmo ocorre para as escolhas positivas: se eu trabalhar com dedicação no meu emprego, posso avançar na minha carreira; se eu for um aluno dedicado, é provável que eu

---

8 N. T. No original, *Advice on Dying*.
9 TRUNGPA, Chögyam. *Sorria para o medo*. Rio de Janeiro: Gryphus, 2013.

aprenda e tire boas notas; se eu tratar bem o meu cônjuge, poderei ter um casamento feliz. Naturalmente, como a vida é imprevisível, as boas escolhas nem sempre significam felicidade, mas a consciência das consequências positivas e negativas certamente nos ajudam a atravessar a vida com resultados melhores.

Essa resposta do mundo — essa relação de causa e efeito — é algo a que os pais podem recorrer, uma vez que significa que não temos que intervir e conduzir; podemos permitir que o curso natural das coisas aconteça. Por exemplo, se o seu filho se esquecer de levar o lanche para a escola, ele vai ficar com fome; se o seu filho se esquecer do gorro e das luvas, ele vai sentir frio; se o seu filho chutar a parede e deixar uma marca, essa marca vai estar lá para lembrá-lo da sua raiva. Nenhuma dessas consequências são casos que ponham em risco a segurança da criança ou do adolescente, então não precisamos fazer um discurso repetindo coisas negativas nem tentar resolver o problema. No entanto, quantos pais se dedicam tanto a eliminar as consequências naturais resultantes desses acontecimentos e ainda ficam frustrados por seus filhos não serem responsáveis?

Todos nós temos a capacidade de nos autorregularmos com base nas consequências naturais das nossas escolhas. No mundo adulto, as consequências naturais parecem estar à espreita a cada esquina. Se você esquecer de inserir moedas no parquímetro, receberá uma multa de estacionamento; se pagar as contas com atraso, precisará arcar com uma taxa pelo atraso; se não comprar comida suficiente, talvez não haja nada para comer no jantar — para os adultos, há lembretes constantes das consequências. No entanto, para as crianças, deixar de realizar uma tarefa doméstica, gritar com o pai ou com a mãe, jogar videogame sem parar ou se esquivar de fazer a lição podem não implicar em uma consequência natural óbvia. Ainda assim, acredito que esses comportamentos evocam consequências de maneiras sutis: a autoestima da criança pode cair quando trata mal os pais, o fato de fugir das tarefas domésticas poderá fazer com que ela não tenha a sensação de estar contribuindo com a família, e sua educação escolar sofrerá o impacto por ela se esquivar da lição, por exemplo.

Mas uma vez que essas consequências naturais são implícitas, e não explícitas, os pais precisam também segurar um espelho e criar uma consequência *lógica* adicional para os filhos. Recentemente ouvi no rádio uma história sobre um programa de perda de peso oferecido por uma empresa aos seus funcionários como parte integrante do seu plano de saúde. Um grupo que optou por participar se comprometeu a participar de uma das muitas aulas de ginástica que a empresa oferecia todos os dias. Toda semana o grupo se encontrava em uma reunião de apoio para avaliar até que ponto haviam atingido seus objetivos. Todo o grupo concordou que precisavam de uma consequência que os mantivesse no caminho certo, então eles sugeriram uma consequência lógica. Eles criaram um sistema de controle de frequência para cada aula — se um membro do grupo faltasse a uma aula de ginástica, essa pessoa teria que ir para a próxima reunião usando roupa de banho. Como você pode imaginar, ninguém mais perdeu nenhuma aula de ginástica, e o grupo foi considerado um sucesso.

A consciência das consequências tende a nos manter comprometidos com as nossas incumbências. Para as crianças desenvolverem autodisciplina, devem experienciar tanto as consequências naturais quanto as consequências lógicas de suas escolhas — talvez não uma humilhação, mas uma perda de privilégio. As crianças precisam estar investidas da ideia de que seu comportamento é real, com consequências reais. Alguns bons exemplos podem ser ir embora mais cedo de uma festa por ter empurrado outra criança, perder o direito a sair uma noite por não respeitar a hora de ir para a cama, perder o direito a usar o computador por procurar conteúdos inapropriados, ou simplesmente ficar sem a atenção da mãe após uma demonstração de desrespeito. Ainda podemos ser compassivos com os sentimentos deles, mas não podemos eliminar as consequências porque, neste caso, nossos filhos nunca aprenderão essa habilidade preciosa da autorregulação. Não estamos fazendo nenhum favor às crianças ao omitirmos ou eliminarmos as consequências. Esses espelhos que seguramos como pais e mães permitem que as crianças enxerguem o que estão fazendo, que elas experienciem uma consequência e adaptem seus comportamentos — isso os ajuda a confeccionar os sapatinhos deles.

Muitos pais e mães sentem que é "cruel" dar uma consequência lógica, pois as crianças ficam irritadas quando perdem uma regalia. Além disso, muitos pais interferem na tentativa de eliminar outras consequências naturais na vida da criança: pedindo que um professor altere uma nota baixa, conversando com um treinador para que o filho entre mais no jogo, pagando uma conta de celular excessivamente alta para o filho ou contratando um advogado caro quando um filho enfrenta problemas com a lei. Os pais se esforçam muito para abrandar os obstáculos dos filhos. Todas essas reações podem ser compreensíveis, mas se virmos a vida como uma jornada em uma trilha cheia de obstáculos, remover uma protuberância não ajuda a criança a se preparar para as pedras maiores que encontrará ali na frente. Antes que os filhos tenham problemas com a justiça, é melhor que enfrentem alguns conflitos na segurança do lar, com consequências preparadas para eles.

Gratidão pelos pequenos conflitos

Conflitos pequenos e controlados são bons. Embora desagradáveis para os pais, conflitos sobre a lição de casa, limpar o quarto ou seguir a execução de tarefas são precisamente momentos nos quais queremos que as crianças confeccionem seus sapatinhos. Este é um solo fértil para o desenvolvimento de habilidades. Eu preferiria que as minhas filhas enfrentassem conflitos diários em casa e aprendessem a dominar atividades como os trabalhos domésticos, a lição da escola e a comunicação respeitosa, a que tenham que enfrentar esses obstáculos em uma idade mais adulta, já fora de casa e sem terem as ferramentas necessárias para lidar com essas situações. Os pais podem reformular todos esses pequenos conflitos — para passar a vê-los de uma forma positiva, e até mesmo serem gratos a eles. Por exemplo, o fato do seu filho passar por uma experiência de rejeição ou de fracasso no quarto ano[10] pode ser uma grande bênção — embora muitos pais e mães hoje partam para o ataque quando o filho passa por uma experiência negativa na escola.

Quando os pais percebem que o ambiente familiar em casa é o terreno fértil onde aprendem-se infinitas lições diárias sobre fazer escolhas, sobre comportamentos, consequências e sobre permanecer com o desconforto, não há necessidade de haver um tom negativo ligado ao comportamento dos filhos. Quando os pais pedem que um irmão mais velho fique algum tempo de castigo após empurrar um irmão mais novo, não precisa haver um tom de "Estou tão decepcionada com você!". Quando humilhamos ou culpamos os nossos filhos eles simplesmente constroem um muro e muito provavelmente deixam de aproveitar o aprendizado da consequência. Se, em vez disso, dissermos "Fico triste quando você usa um tom de ameaça na sua voz" ou "Fico preocupada quando vejo você empurrando o seu irmão", podemos nos comunicar de formas que seguem informando as crianças sobre o modo como causam impacto sobre as outras pessoas. Os pais podem então proporcionar a consequência lógica.

Essas avaliações, comunicadas através de afirmações "eu sinto" e de consequências lógicas, visam modificar o comportamento — e não rotular a criança como "boa" ou "má". Os pais têm que separar a pessoa do comportamento. Ao olharem-se no espelho ou vivenciarem uma consequência, as crianças sempre podem adequar seus comportamentos. Lembre-se, as consequências e os conflitos são coisas positivas — este é o processo de confecção de sapatinhos.

---

10 N. T. No sistema educacional americano, o quarto ano do Elementary or Grade School (primary school) corresponde ao quinto ano do Ensino Fundamental no sistema educacional brasileiro.

Jillian

Embora Jillian tivesse acabado de completar quinze anos, seu nível de maturidade se aproximava mais de uma menina de doze anos. Ela era bonita e popular, porém extremamente inibida em todas as áreas de sua vida, exceto no que se referia a escolher suas roupas. Ela tinha a habilidade de elaborar e se sair bem com qualquer traje ou com qualquer visual, e uma vez que sabia a maneira certa de pedir aos pais, era capaz de ganhar roupas novas sempre que quisesse. No entanto, sob uma inspeção mais cuidadosa, Jillian sabia fazer poucas coisas sozinha.

Ela tem dois irmãos gêmeos mais novos e sua mãe sempre se sentiu muito mal quanto ao modo abrupto como a menina teve que se adaptar aos bebês em casa. Jillian fora filha única durante três anos e meio, e tinha um vínculo forte com a mãe. Quando os gêmeos chegaram, a mãe se esforçou muito para não alterar demais a vida da Jillian e ainda passava bastante tempo sozinha com ela. Como você pode imaginar, Donna, a mãe da Jillian, ficou sobrecarregada. O seu marido era um profissional bem-sucedido, portanto a família tinha recursos. Quando Donna não era capaz de preencher a lacuna na vida da Jillian com sua atenção, ela a preenchia com presentes.

Toda vez que havia um transtorno na vida de Jillian, Donna se esforçava para alegrá-la, para resolver a situação ou para resgatar a filha do conflito. Na verdade, esse passou a ser o vínculo entre as duas, o seu roteiro, a lógica do relacionamento entre mãe e filha. A Jillian nunca teve de ser responsável por seus próprios conflitos e emoções, pois essas coisas faziam parte da jurisdição da sua mãe. Não surpreende que Jillian se voltasse para a mãe e até mesmo ficasse furiosa com ela toda vez que algo saía errado. Esse comportamento incluía com frequência desrespeito, fala ríspida, revirar os olhos com impaciência, culpar a mãe e muitas vezes fazer críticas duras a ela — o que só fazia com que a mãe se esforçasse cada vez mais para estar sempre pairando em volta da menina e resolvendo tudo.

Durante cerca de vinte por cento do tempo, Jillian adorava os irmãos. Porém, na maior parte do tempo, ela se mostrava incomodada com eles e reagia a eles com frieza. Ela os culpava pelos seus sentimentos de tristeza e frustração, o que criava uma tensão constante em casa. Ainda que Donna continuasse fazendo todo o esforço que podia na tentativa de manter um ambiente de paz. Como reação aos humores da Jillian, Donna exigia muito pouco da menina em casa e chegou até mesmo a contratar um tutor para sentar com ela todas as noites e ajudá-la com as tarefas da escola — Donna estava preocupada com a faculdade e queria que Jillian desenvolvesse bons hábitos de estudo.

No oitavo ano,[11] Jillian tinha poucas áreas como pontos fortes com que pudesse contar. Ela sempre jogou futebol, mas sem muito entusiasmo; parecia ser mais uma oportunidade de interação social do que uma autêntica área de interesse. Era capaz de manter notas B, mas gostava mais de ler mensagens de texto, e não livros. Faltava-lhe ímpeto em praticamente todas as áreas de sua vida. Seus pais ainda pediam suas refeições quando saíam para comer, organizavam a sua agenda, limpavam o seu quarto e se esforçavam de todas as maneiras possíveis para tornar harmoniosa a vida em família. Ainda assim, com frequência tinham ao seu lado uma mocinha irritada e temperamental.

Quando Jillian chegou ao nono ano,[12] ergueu um muro ainda mais alto entre ela e os pais. Só ia até eles quando precisava de alguma coisa, e eles valorizavam essa pequena conexão que tinham com ela — o que resultava em muitas indulgências materiais. Jillian começou a se vestir de maneiras cada vez mais maduras para a idade dela e passou a atrair a atenção de garotos mais velhos. Com o tempo, começou a namorar um garoto um pouco mais

---

11 N. T. No sistema educacional americano, o oitavo ano do High School (ou Junior High School) corresponde ao nono ano do Ensino Fundamental no sistema educacional brasileiro.

12 N. T. No sistema educacional americano, o nono ano do High School (ou Junior High School) corresponde ao primeiro ano do Ensino Médio no sistema educacional brasileiro.

velho chamado Will, mas manteve o namoro em segredo. Seus pais, preocupados com o desempenho escolar da filha e sua faculdade, deram-lhe mais liberdade, desde que ela fizesse as tarefas da escola. Entretanto, Will não era muito legal com Jillian e oscilava entre tratá-la mal e tratá-la como uma princesa.

Como Jillian ainda era emocionalmente muito imatura, tinha inibição o suficiente para evitar a relação sexual em si, mas estava disposta a experimentar outras coisas com Will. Ele conseguiu que ela posasse para fotos íntimas e iniciou-a no sexo oral. Embora se sentisse desconfortável com sua sexualidade, Jillian gostou da euforia resultante de correr riscos. Não costumava obter opiniões de incentivo em relação à escola ou a outras atividades extracurriculares, então a validação e a atenção que recebia de Will eram viciantes. Além disso, gostava de esconder segredos da mãe, sentindo que tinha algo que pertencia apenas a ela mesma, uma vez que era vigiada em todo o resto. Sua independência recém-descoberta era inebriante.

Quando Will se revoltou contra a falta de disposição de Jillian para manter relações sexuais, passou a sair com uma garota da sua idade. Jillian sem condições para lidar com essa rejeição afundou-se em uma depressão profunda. Sempre confiara na mãe para amortecer seus problemas e administrar suas emoções, mas não sabia como lhe contar nada disso. Recusou-se a sair da cama durante uma semana e chegou até mesmo a ter pensamentos suicidas.

No final das contas, chegou ao meu consultório. Quando perguntei aos seus pais sobre os padrões e a dinâmica da família, Donna informou-me que Jillian havia sido uma espécie de cobaia para eles, por ter sido sua primeira filha, então nunca souberam a idade "certa" para pedir que ela fizesse as coisas por si. Sabiam que as tarefas da escola eram importantes, porém achavam que seu trabalho como pais era ajudar a filha e resolver os conflitos dela. Quando questionados sobre regras e limites, Donna revelou que as regras ficavam em fluxo constante, dependendo de cada situação. O que ficou claro foi que

Jillian não tinha habilidades de autogerenciamento, e não era apenas emocionalmente imatura mas também profundamente dependente da mãe — na esfera emocional e em qualquer outra.

Sem sapatinhos, sofrera um corte profundo nos pés. À medida que foi exposta a conflitos mais adultos fora de casa — com os garotos e em relação à sexualidade —, Jillian não teve a capacidade de lidar com eles, pois não havia desenvolvido dentro de casa as habilidades ou ferramentas necessárias para isso.

A EDUCAÇÃO DOS FILHOS SEM LIMITES

Através dos anos de trabalho como terapeuta de adolescentes e com treinamento para pais e mães, tenho questionado se existiam limites e fronteiras nos sistemas familiares dos meus clientes. Embora a maior parte das famílias afirmasse que sim, que de fato tinham regras, eu me interessava mais em saber se um "não" significava "não" ou se um "não" significava um "não, talvez". Devo salientar que dificilmente encontrei uma criança em terapia que tivesse limites e fronteiras saudáveis estabelecidos pelos pais e com os quais tivesse que lidar.

Os meus resultados subjetivos ao longo dos anos se dividiram em quatro grupos: (1) pais que elaboravam regras e limites com um critério momento a momento, que eram negociados com facilidade pela criança; (2) pais que consideravam os limites inúteis porque os filhos agiam como se as consequências não os afetassem — por exemplo, os filhos queriam de qualquer forma ficar no quarto e não se importavam se não podiam sair dali; (3) pais que desistiram das regras porque os filhos eram hostis demais; (4) pais que eram simplesmente tão carentes e emocionalmente dependentes dos filhos para manter um relacionamento que cediam a todas as regras. É claro que, ocasionalmente, eu encontrava uma criança em uma rara quinta categoria: uma criança com alto desempenho funcional que era super competente na categoria da organização e do autocuidado. Constatei que essas crianças vinham de ambientes familiares mais descuidados. Tratava-se de crianças que haviam percebido que, se quisessem que algo acontecesse, tinham que elas mesmas fazer acontecer. Curiosamente, eu diria que entre 90% e 95% das crianças que conheci em programas de tratamento tinham pais com baixa capacidade de impor limites, o que significa que não estabeleciam regras nem cobravam responsabilidade dos filhos.

A professora Margaret Nelson designou bastante atenção a esse tema em seu livro *Parenting Out of Control*.[13] Em sua pesquisa, afirma que se formaram dois grupos distintos: pais com limites e pais sem limites. Curiosamente, esses limites correspondem a diferenças de educação e de classe. Ela agrupa os pais não apenas em relação à renda, mas também quanto à classe social, que apresenta elementos materiais, educacionais e culturais. Os pais considerados de "classe média profissional" em grande parte adotavam esse estilo de "educação (dos filhos) fora de controle". Ela escreve:

> Os pais que são trabalhadores da classe média querem tanto proteger os filhos de crescer de forma muito rápida quanto forçá-los bem cedo a um alto nível de realizações. Este último impulso muitas vezes os leva a tratar os filhos como pares e a afirmar que se pode confiar nessas crianças para tomarem decisões por conta própria; o primeiro impulso em geral leva à vigilância constante.

Pais trabalhadores (classes mais baixas) ou de classe média (que não trabalham, ou sem uma profissão definida) se encaixam na categoria de "educação dos filhos com limites". Nelson observa que esses pais "estão mais preocupados com habilidades que irão garantir a autossuficiência do que com paixões e diversão". Alguns dos limites impostos pelos pais nessa categoria são puramente financeiros; outros se referem a pais e mães que talvez enfrentem muitos limites em suas próprias vidas.

Pais de classe média e de classe alta que trabalham, percebem

---

13 N. T. Livro ainda sem tradução em português. Literalmente, *A educação dos filhos fora de controle*.

a vida com menos limites — consequentemente, há menos limites na sua maneira de criar os filhos. Isso não ocorre com base apenas em seu nível de renda — pois a renda dos pais profissionais varia muito —, mas sim na sua educação, que talvez lhes tenha ensinado que tudo é possível. Embora a percepção de amplas possibilidades seja uma coisa maravilhosa, pode levar os pais a desconsiderarem os limites e as regras e a evitarem os conflitos com os filhos. Isso remove a causa do efeito e interfere no desenvolvimento da organização e dos recursos internos de um indivíduo jovem.

Deve-se observar também que a maior parte dos pais de classe média que trabalham, emprega práticas de educação dos filhos marcadamente distintas daquelas utilizadas por seus pais, que estabelecia limites claros. O pêndulo oscilou da educação mais autoritária da geração anterior à educação atual "centrada no filho", deslocando a tendência para as práticas contemporâneas e não tradicionais de criação dos filhos. A principal característica dessa tendência é um super foco na felicidade das crianças (em oposição à saúde emocional), nas indulgências emocionais e materiais, no sucesso voltado para a escola e para as atividades a fim de ajudar a incentivar a autoestima das crianças, nas regras negociáveis e na presença constante dos pais pairando em torno dos filhos, resultando em crianças menos independentes e menos resilientes.

Curiosamente, a maneira como muitos pais profissionais de classe média obtém controle não é através de limites claros com consequências, mas através da vigilância. A vigilância significa não apenas supervisionar a criança dentro de casa, mas também monitorá-la através da tecnologia — por mensagens de texto, celulares, Facebook, rastreamento via GPS do celular da criança — e até mesmo espionando-os. Esses pais fogem dos limites e das regras na tentativa de obter conexão e proximidade com os filhos, e depois tentam controlá-los através da vigilância constante.

A professora Barbara Hofer chama isso de "coleira eletrônica". O que começou como uma curiosidade — cada vez mais crianças andando pelo Middlebury College com celulares grudados em suas orelhas, falando com os pais — se tornou uma pesquisa interessante indicando mudanças nítidas no envolvimento dos pais na vida dos filhos no college. Um levantamento criterioso de todo o corpo discente do Middlebury College e de outra instituição revelou que o número médio de vezes em que os pais e os filhos se comunicavam (seja por telefone, mensagem de texto, e-mail etc.) era de 13,4 vezes por semana. Essa pesquisa significa uma mudança monumental — da ligação telefônica semanal obrigatória que as gerações anteriores faziam de seus quartos nos dormitórios para a coleira eletrônica que Hofer descreve hoje. Outro aspecto também evidente nos campi universitários é a imaturidade emocional de jovens de dezoito a 22 anos de idade. Hofer escreve em seu livro *The iConnected Parent*:[14]

> Com base nas nossas extensas pesquisas com alunos das universidades de Middlebury e de Michigan, o ponto principal é que *os alunos que têm contato mais frequente com os pais são menos autônomos do que os outros alunos*. É menos provável que esses alunos tenham alcançado alguns dos pontos de referência psicológicos de independência do que no passado seria considerado característico dessa idade, de acordo com os testes psicológicos incluídos nas pesquisas.

Quer o filho lute com problemas de saúde mental no ensino médio ou pareça seguir um caminho mais "normal" para a faculdade, se os pais tiverem um envolvimento excessivo ou se pairarem constantemente em torno do filho, interferirão no processo de individuação e amadurecimento da criança. Essa "proximidade" vem em prejuízo da criança.

---

14 N. T. Livro ainda sem tradução em português. *Uma tradução possível: Os Pais iConectados*.

As mesas viraram

No início do meu trabalho com a terapia na natureza, quando eu tinha vinte e poucos anos, comecei a observar essa dinâmica delicada e super envolvida da relação entre pais e filhos, que considerei tanto perturbadora quanto desconcertante. Ao crescer, e mesmo ainda hoje, sempre desejei impressionar ou agradar os meus pais — embora ainda mantendo a minha independência, é claro. O que observei com frequência em ambientes de tratamento foi, na verdade, o inverso disso: pais que queriam impressionar ou agradar os filhos. Em vez de uma criança temer um pai ou mãe chateados, ou se preocupar em infringir uma regra, ou em perder a confiança dos pais, eram na verdade os pais que estavam com medo dos filhos. Preocupavam-se com a possibilidade de aborrecerem os filhos por não fazerem exatamente o que eles queriam.

Inicialmente imaginei que este devia ser um segmento pequeno da população; percebi que havia descoberto o motivo pelo qual a criança estava na terapia na natureza e a razão pela qual os pais estavam ficando empacados. No entanto, depois que eu mesma me tornei mãe, percebi que esses padrões estão disseminados, em especial no grupo socioeconômico em que me enquadro: a da classe média profissional. Comecei também a perceber a mudança de mentalidade na geração mais jovem de instrutores da terapia na natureza, alguns dos quais se identificavam intensamente com o quanto os meninos que participavam do programa se julgavam dotados de autoridade. Um instrutor me disse: "Eu culpava os meus pais por tudo; eles me colocaram neste mundo, portanto deviam resolver os meus problemas".

Em algum ponto da educação dos filhos as coisas se inverteram passando de uma situação em que as crianças se sentiam gratas aos pais por terem lhes dado a vida (naturalmente com algum ressentimento misturado), para outra situação onde se sentem ressentidas com os pais quando vivenciam qualquer tipo de desconforto em suas vidas. As crianças de hoje jogam suas angústias e frustrações direto nos pais, e, na maior parte do tempo, os pais correm para tomar alguma atitude. Acho que a pergunta que precisa ser feita é "De quem é a vida?" Quem é o responsável pelo desconforto do filho — o pai/a mãe ou o filho?

Limites emaranhados

Os limites emaranhados ou amalgamados na relação entre pais e filhos, como vimos no caso de Jillian e Donna, é um fenômeno visto hoje tanto em ambientes terapêuticos como nos ambientes da vida cotidiana. Quando as crianças têm uma percepção de si próprias como indivíduos que é misturada com os pais, não sentem de fato os próprios sucessos e os fracassos. Os fracassos são amortecidos ou mitigados, e os sucessos são orientados. A sua consequente falta de autonomia tem uma forte influência na percepção de si mesmas como indivíduos. Pode ser conveniente para as crianças culpar os pais quando se sentem revoltadas ou tristes —, no entanto, quando é função dos pais consertar essas emoções, isso resulta em uma sensação de impotência na vida da criança.

Um exemplo que dou com frequência aos pais é: se o seu filho está andando por um caminho e tropeça, é possível que você sinta que tem a responsabilidade como pai ou como mãe de levantá-lo, mas isso também incute uma sensação de impotência na criança, que deve esperar que alguém venha levantá-la. Nessa dinâmica, a criança sente que cair não é sua culpa, bem como erguer-se também não é sua responsabilidade. A criança não se sente no controle e no comando de sua própria vida. Não surpreende que uma criança inserida em uma relação emaranhada tenha maior probabilidade de vivenciar depressão e ansiedade associadas à falta de autoeficiência e de autonomia. No entanto, quantos pais pairam (literal e metaforicamente) sobre os filhos quando eles tropeçam?

Se uma criança se sente responsável por si própria, pode ter que se esforçar um pouco mais do que gostaria para estar atenta aos obstáculos ao longo da vida. Mas, se ela cair, conseguirá imediatamente se levantar sozinha. Isso estabelece autonomia, autodirecionamento, habilidades para a resolução de problemas e uma sensação de independência.

O que falta na educação dos filhos sem limites é a noção do "eu" para a criança. Os limites e as fronteiras permitem que as crianças sintam que suas vidas lhes pertencem — isso é algo que lhes dá poder. Quando enfrentam consequências positivas ou negativas ligadas aos seus sucessos ou fracassos, há maior probabilidade que se tornem responsáveis por suas próprias vidas. Quando as crianças têm consciência de que uma mudança em seus próprios comportamentos pode produzir um novo resultado, começam a desenvolver autocontrole e autodirecionamento.

Naturalmente, essa fronteira entre pais e filhos é um tanto indistinta no caso de recém-nascidos, bebês e crianças pequenas, mas mesmo um minuto após um bebê nascer, ele já tem sua própria experiência independente do mundo. Mesmo os pais mais atentos, que se esforçam muito para oferecer a nutrição e o sono perfeitos, devem perceber que nem sempre conseguimos resolver os sentimentos das crianças. Mesmo que se faça de tudo, ainda assim alguns bebês choram. Quando atingem uma idade suficiente, os pais podem ensinar as crianças a permanecerem, repousarem com seus desconfortos, normalizando e validando seus sentimentos — mesmo que aquele desconforto seja causado pelas ações dos pais, como trazer um novo bebê para a família, fazer com que a família precise mudar para outro estado, aceitar um emprego fora de casa, e assim por diante.

Para cultivar autonomia e independência nos jovens, devemos permitir que tenham seus próprios pensamentos e sentimentos, e também que experienciem suas consequências — isso rompe o emaranhado.

Na cultura da educação dos filhos hoje, removemos o espelho e removemos todas as consequências que podemos das vidas dos nossos filhos. Continuamos achando que se pudermos controlar o máximo possível, eles poderão atingir algum tipo de vida serena, sem dor. No entanto, conforme retratado por Jillian, a falta de conflitos nunca equivale à felicidade. Não é nenhuma surpresa que hoje muitas crianças não tenham autodisciplina. E, sem a capacidade de definir objetivos e alcançá-los sozinhas na vida, muitas crianças são confrontadas com conflitos mais terríveis como a depressão, a ansiedade, a impotência e o desespero. Além disso, a criação dos filhos se tornou um trabalho árduo, pois a maioria dos itens relacionados às crianças caem sob o domínio dos pais. Isso não é sustentável para nós, e certamente não está ajudando os nossos filhos. Acredito que podemos restaurar o equilíbrio outra vez confiando nas leis da natureza e permitindo que nossos filhos vivenciem consequências.

Recursos internos promovidos com essa abordagem

- Solução de problemas
- Adaptabilidade
- Tolerância ao sofrimento
- Gratificação adiada
- Regulação emocional

CAPÍTULO 5

O socorro da natureza

> A entrega não inclui preparativos para um pouso suave; significa simplesmente pousar em solo duro, comum, em terreno agreste, cheio de pedras. Quando nos abrimos, aí sim pousamos *naquilo que é*.
>
> — **Chogyam Trungpa,** *Além do materialismo espiritual*[15]

O mundo natural confere uma realidade que torna as leis de causa e efeito claras. Se chove, fica molhado lá fora. Se estiver ventoso em uma colina, haverá erosão. Não há atalhos nem brechas ou tratamentos especiais na natureza. Não se pode apertar o botão de "desfazer". Se estiver frio e as crianças não vestirem um casaco, vão se sentir desconfortáveis. Se sentirem sede, terão que caminhar até o riacho. Se fizerem corpo mole e montarem um abrigo frágil, é possível que tenham uma noite difícil. Se passarem a manhã toda enrolando para se organizarem, poderão ter que andar à noite para chegar ao próximo acampamento. Esses desconfortos temporários orientam suas escolhas. As crianças precisam trabalhar com as forças da natureza porque não podem controlá-las. Na verdade, isso é um alívio para elas.

Nos programas de terapia na natureza, não há nenhum pai ou mãe pairando em volta, e, com isso, as crianças precisam ser desenvoltas, ser capazes de resolver problemas, administrar o tempo e ter condições de conviver com os resultados caso não consigam fazer nada disso. Descobrem que são capazes e que têm escolhas. O retorno imediato oferecido pela natureza é animador no nosso

---

15 TRUNGPA, Chögyam. *Além do materialismo espiritual*. Teresópolis: Lúcida Letra, 2016

mundo de conveniência e de soluções rápidas. Há pouca gratificação instantânea — o que é valorizado é o processo. As crianças têm que vivenciar a longa caminhada montanha acima para conseguirem ter acesso à vista lá do alto. A vista de um topo não é tão apreciada ou tão impactante quando um helicóptero nos leva até lá — o sangue e o suor nos conectam ao mundo real e a nós mesmos. Na natureza, os limites, as fronteiras e as consequências estão prontamente disponíveis. As crianças ganham com esses limites, mesmo da forma mais simples possível. Muitas crianças comem alimentos que normalmente nunca comeriam — como aveia, feijão e lentilha —, porque prepara-se apenas um tipo de comida para o jantar, já que toda a comida utilizada nos acampamentos é carregada em suas costas. As crianças se sentem gratas em comer aqueles alimentos e descansar em volta da lareira à noite. Os limites instilam caráter, humildade, trabalho duro, criatividade e desenvoltura, e, essencialmente, as crianças ganham um sentimento interno de felicidade. Surpreendentemente, muitas crianças hostis, ansiosas e desorganizadas amam estar na natureza. Há uma estrutura diária predefinida — o dia começa quando o sol nasce, os horários das refeições são regulares, há exercícios diários com caminhadas e jogos, as tarefas do acampamento ocorrem à tardinha antes do pôr do sol, e sentar-se em volta da fogueira à noite traz relaxamento e conversas espontâneas — o que é agradável e revigorante. Embora às vezes seja desconfortável, a vida parece simples, e as crianças vivenciam um contato direto com o momento presente.

Ter causa sem efeito, como é o caso nos ambientes domésticos sem os limites adequados, perturba a natureza da realidade. Quando as crianças gritam com os seus pais todos os dias sem que tenham consequências ou efeitos nítidos, normalmente elas não corrigem esse comportamento; apenas continuam no dia seguinte. Alguns pais até mesmo alimentam o comportamento negativo com reações emocionais fortes — que, de certa forma, funcionam como recompensas, pois uma resposta emocional de um dos pais pode transmitir uma sensação de conexão com a criança. Não reagimos com emoções fortes a pessoas estranhas, apenas a pessoas que amamos. As nossas reações aos ataques de raiva dos nossos filhos oferecem a eles muita atenção. Paradoxalmente, quando fazem alguma coisa que se espera deles — como ir à escola —, não acontece nada. Quando não fazem algo que se espera delas — como no momento em que se recusam a ir para a escola —, tendem a receber muita atenção por parte dos pais.

Quando abaixamos o volume das nossas reações emocionais, deixamos de fornecer uma oportunidade para a criança ser ouvida e, em vez disso, damos consequências às crianças, proporcionamos a elas uma noção de investimento pessoal em suas próprias escolhas. Se uma criança escolhe não ir à escola, os pais podem simplesmente declarar uma consequência — ficar sem TV, sem computador ou sem encontrar os amigos, por exemplo. Em vez de ganhar atenção, a criança estará simplesmente perdendo algo que deseja. Na minha experiência, quando as crianças não têm espelhamento ou limites em casa, elas apenas pressionam até encontrarem algo seguro.

Como podemos basear a educação dos nossos filhos nas leis da natureza, e em ideias como a de causa e efeito, de modo que as crianças saibam como adequar seus comportamentos?

Mack

Mack era um garoto alto e magro de treze anos que sabia controlar os adultos, porém não sabia como conduzir a si mesmo. Quando foi acolhido no programa de tratamento na natureza, não parecia ter nenhum diagnóstico específico. Durante anos havia deixado perplexos terapeutas, conselheiros escolares e especialistas em aprendizagem que não conseguiam definir o que havia de errado com ele, tampouco sabiam o que fazer. Ele não havia sito exposto a drogas, álcool ou outros escapes negativos. Amava os seus pais. Embora às vezes parecesse emburrado e ansioso para ser aceito, também era um garoto alegre que adorava ficar em casa brincando com o cachorro. Era inteligente, até mesmo brilhante. Tinha alguns amigos desajeitados, exatamente como ele. No entanto, via a vida como um cabo de guerra, onde tudo era negociável.

Seu conflito constante com os pais por controle parecia impregnar todos os aspectos de sua vida. Seu comportamento se tornou verbal e fisicamente abusivo para com os pais. Ele ficou tão obstinado que se recusava a realizar qualquer tarefa que os pais lhe pedissem, mesmo coisas ligadas à escola. Nunca acreditou que qualquer limite fosse real. Ficou claro que, embora Mack tivesse um QI alto, não tinha os recursos internos para de fato utilizar sua inteligência em benefício próprio.

Na terapia na natureza ele se mostrava alegre e divertido até que surgisse alguma regra ou expectativa em relação a ele. Suas pequenas recusas a se envolver de fato no programa levaram a padrões mais entrincheirados de fechamento. Ele assumiu uma posição à qual passamos a nos referir como "a rocha": enrolava-se, transformando-se em uma bola, com o rosto virado para os joelhos e as mãos encaixadas sob as pernas. Com frequência, fazia isso dentro do saco de dormir, de modo que seu escudo contava com uma camada dupla — assim ele bloqueava o mundo inteiro. Passava a maior parte do dia nessa posição quando havia qualquer ameaça de ter que sair para caminhar ou realizar tarefas. À noite, ele saía e contava piadas. Além disso, tinha péssimas habilidades para se cuidar. Ainda que a maioria das crianças se sujem na natureza, Mack parecia o Cascão. Ele estava sempre com um anel de sujeira em volta do pescoço, cinzas da fogueira nos cabelos, as mãos pretas, nunca trocava de roupa e seus pertences estavam sempre em uma desordem generalizada. O seu comportamento era extremamente frustrante para seus colegas e toda a equipe.

Às vezes eu me perguntava como Mack lidaria com uma situação em que estivesse sozinho e perdido no deserto de Utah. E se encontrasse uma consequência da vida real? Será que permaneceria fechado em sua posição de "rocha" — ou andaria em busca de água, recolheria lenha, se organizaria e aperfeiçoaria suas habilidades para fazer uma fogueira? Será que ele faria boas escolhas? Será que ele cresceria a ponto de se mostrar à altura da tarefa envolvida em uma situação como esta?

Eu acreditava firmemente que Mack se comportava daquela maneira porque todas as suas necessidades eram satisfeitas, embora ele não tivesse certeza de como se encaixar em sua própria vida. Mack tinha uma sensação de poder ao se opor aos outros, mas não sabia experimentar o poder em sua vida, através de sua própria dedicação. Parecia também que ele florescia quando tinha um público; eu tinha muita certeza de que se o resto do grupo fosse embora, Mack surgiria de seu esconderijo e começaria a mexer e a lidar com as tarefas do acampamento.

Na natureza, o grupo funciona como uma unidade inteira. Assim, se Mack se recusasse a arrumar suas coisas e andar até o próximo ponto, todo o grupo ficava preso. As escolhas do Mack influenciavam a todos — exatamente como ocorre em uma família. A intervenção que utilizamos na natureza foi fazer com que o grupo o cercasse e lhe oferecesse afirmações "Eu sinto" para fazer com que ele soubesse que seu comportamento os afetava. "Eu me sinto frustrado quando vejo você tentar controlar o grupo. Você não vai muito longe se agir assim na vida." "Eu me sinto preocupado quando vejo você agir dessa forma para obter o que quer." "Eu me sinto triste por termos que ficar outra noite aqui neste ponto de acampamento." "Eu me sinto prejudicado quando você age dessa maneira tão egoísta".

Essa abordagem foi utilizada em uma tentativa de contornar um conflito por poder. As afirmações "Eu sinto" — ao contrário das afirmações "Você isso ou você aquilo" — removem a culpa e permitem que os colegas de Mack se sintam confiantes e capazes de influenciar. O grupo não foi rude nem estava sendo mantido como refém dele — simplesmente se mostrou paciente e honesto. Seus companheiros o informaram que as escolhas dele os afetavam.

Essas intervenções às vezes funcionavam pois essa era a única atenção que ele recebia do grupo. Em todas as outras situações o grupo o ignorava. Quando Mack adotava sua postura da "rocha", os membros do grupo realizavam outras atividades previstas para eles: escreviam em seus diários, jogavam, saíam para caminhadas curtas diurnas e seguiam sem ele em seus processos de crescimento pessoal e em grupo. Por esse motivo, ele não estava recebendo sua dose diária de poder, com a qual aprendera a contar. Após uma intervenção, ele esporadicamente concordava em caminhar e participar por um dia, mas ainda não estava pronto para abandonar sua estratégia profundamente arraigada de se opor aos outros e tentar renegociar as regras.

Um dia, sem mais nem menos, quando ninguém da equipe parecia estar observando, Mack escapou impulsivamente por trás de seu abrigo, sem nem mesmo calçar os sapatos, e desapareceu no bosque de zimbros em direção ao cânion. Mack precisava dobrar a aposta para testar seus limites — ele procurava algo seguro, algo real. Alguns momentos se passaram até que a equipe se deu conta de sua ausência.

Muitas crianças hostis tentam fugir e por isso há um protocolo estabelecido para responder a esses incidentes. Depois de procurar pelo acampamento e questionar os outros garotos, a equipe de apoio foi chamada, e dois membros saíram junto comigo para procurar por Mack. A equipe de apoio chegou em seguida e o nosso nível de alerta começou a se elevar após uma hora sem nenhuma pista.

Na minha própria ansiedade, examinei o caminho de areia molhada, desesperada em busca de seu rastro. Embora houvesse muitas pegadas de botas, debaixo de uma delas pude distinguir a marca de um grande pé descalço que, sem dúvida, era de Mack. Ele era alto e magro, e seus pés eram imensos. Sabia que precisávamos encontrá-lo rapidamente, porque o sol estava se pondo e teríamos uma noite fria no deserto — em especial para quem estivesse sem meias, sem sapatos e sem uma fogueira para se aquecer. Não queria alarmar a equipe de buscas ainda, pois tinha medo que andassem pelo caminho de areia molhada e passassem por cima da minha única pista. Andei suavemente ao longo do leito seco do rio, pisando sobre pedras, e logo à frente pude ver mais algumas pegadas de pés descalços. Sabia que devia estar no caminho certo.

Falei com a equipe pelo rádio, informando-os sobre a minha descoberta enquanto seguia pelo caminho de areia molhada. Eles logo me seguiram. O caminho de areia molhada levava para um pequeno cânion de rocha vermelha lisa com belas pedras pintadas jogadas ao redor. Capim de rio, tamargueiras, choupos, salvas e zimbros cresciam em tufos na areia. À medida que caminhava, meu coração saltava. Um diretor de campo estava logo atrás de mim. Após uma hora, olhei para a frente e vi que o cânion se abria para uma paisagem bem extensa. Estávamos em uma espécie de plataforma em meio aos morros em uma região de rochas vermelhas, e eu sabia que havia penhascos por ali. Segui as pegadas de pés descalços até que a areia deu lugar ao arenito. Ao chegar na pedra, não tinha mais pegadas para seguir. Mesmo assim, sabia que Mack só poderia ter seguido uma direção: em frente.

Segui até chegar à beira do penhasco. Olhei para a esquerda e, a cerca de dez metros de distância, lá estava Mack sentado em uma pedra, todo encharcado de tanto chorar. Fui até lá e o abracei, e em seguida fiz sinal para a equipe de que queria conversar com ele por um instante. Mack estava assistindo ao pôr do sol em uma explosão de tons vermelhos e laranjas. Até então ele havia passado cerca de duas horas sentado naquela rocha.

— Pensei em pular, sabe. — Mark tremia em meio às lágrimas.

Assenti com compaixão. Ao longo dos anos de trabalho com crianças, aprendi a apenas escutar em vez de falar em momentos como esse.

Após uma longa pausa, ele continuou.

— Mas então eu percebi que na verdade sou muito feliz. Por que eu iria me matar? Quer dizer, eu tenho uma vida boa. Tenho pais que me amam. Sei que sou muito inteligente. Eu só nunca faço nada — tudo o que eu faço é fugir. Tudo o que eu faço é tentar escapar da vida. Mas ao sentar aqui e pensar, nossa... vou mostrar pra eles e pular daqui — mas o que eu vou estar mostrando a vocês? Eu na verdade acho que me sairia muito bem fazendo uma fogueira e liderando o grupo. Acho que vou tentar agora.

— Parece que você fez algumas descobertas importantes. Por que nós não voltamos para o grupo antes que fique escuro e comemos uma janta quentinha, e então você pode nos contar mais na nossa sessão de grupo noturna? Sei que os garotos estão preocupados com você.

De fato, Mack assumiu a responsabilidade pelas próprias atitudes e manifestou remorso diante de seus pares naquela noite. Ele admitiu que queria mudar, que a sua vida não estava funcionando e que realmente acha que viver em contato com a natureza é bem bacana. Na manhã seguinte, Mack foi o primeiro a levantar e a ajudar a preparar o café da manhã na fogueira, arrumou a mochila dele e liderou a caminhada da manhã. Ele se tornou um ótimo líder do grupo dos meninos e prometeu nunca mais adotar a sua posição da "rocha" outra vez — uma promessa que manteve. A sua mudança foi tão completa que ele foi capaz de se integrar muito rapidamente.

O caso de Mack pode parecer ser um caso de uma reviravolta dos sonhos, mas, em uma análise mais detalhada, Mack simplesmente não tinha limites de modo que pudesse se aplicar, resolver problemas e desenvolver recursos internos. Recebia muita atenção e recompensa por seus comportamentos que justamente visavam atrair atenção para si, e não enfrentava consequências de verdade. Esquivava-se com seu jeito idiossincrático e sempre fazia o que queria. Embora mostrasse ansiedade em relação a sua força ser real ou não, ele não era um garoto deprimido, não sofria abuso ou maus-tratos, não se mostrava irritado e nem mesmo sofria de nenhum déficit de aprendizado ou de qualquer outro tipo. Mack simplesmente investia sua energia e sua inteligência em sua abordagem habilidosa para evitar a vida. Era tudo um jogo, nada parecia real.

No entanto, Mack sofria em função de sua própria abordagem da vida. Pode ter começado como uma experiência, mas, à medida que continuava a flexionar o músculo de "evitar a vida", perdeu acesso à sua outra musculatura. Estava preso nesse padrão. Esse era o seu piloto automático, sempre ativado. Não creio que nada disso tenha ocorrido a Mack até que estivesse frente a frente com o penhasco, no auge do seu padrão. Ele apenas continuou se afastando das expectativas, das regras, dos limites, das tarefas da vida cotidiana, enquanto que, nesse processo, também se afastava dos amigos, da família, da escola, dos esportes, de seu cachorro, do conforto de sua cama e de sua casa, e de todas as coisas das quais de fato gostava. Ao fugir do acampamento, pode ser que inicialmente ele tenha agido assim em busca de atenção, como ele em geral fazia; no entanto, quando chegou ao penhasco, seguir em frente significaria o suicídio.

Chegar a esse limite foi algo que ajudou Mack. Na verdade, alguns garotos apenas amadurecem quando enfrentam limites reais, pois nunca acreditaram nos limites artificiais que tinham em casa, os quais poderiam ser manipulados com facilidade. Mack despertou de seu estado de negação para ver de fato o que o levara até aquele ponto; com isso, decidiu que queria mudar. Como os pais podem efetivamente estabelecer limites reais na segurança de seus próprios lares? Muitas crianças que vivenciam a terapia na natureza com frequência veem essa experiência com afeto — como podemos levar essas forças concretas da natureza para a educação dos filhos no cotidiano?

Limites seguros reduzem a ansiedade

Hoje os pais disciplinam os filhos de forma improvisada, fundamentalmente negociando regras e limites caso a caso. Coincidentemente, mais jovens são emocionalmente imaturos e mais dependentes de seus pais aos dezoito anos de idade. Há também um aumento exponencial dos transtornos de ansiedade em adolescentes; relatórios do National Institute for Mental Health[16] informam que *um a cada doze adolescentes sofre de ansiedade.*

---

16 N. T. Entidade dos Estados Unidos. Literalmente, Instituto Nacional para a Saúde Mental.

Devemos nos perguntar: se existe esse aumento nos transtornos de ansiedade em crianças, será que isso tem alguma correlação com as novas práticas de criação dos filhos? Quando esses pais que operam sem limites foram entrevistados no estudo do professor Nelson, eles relataram que a disponibilidade, a intimidade, a confiança, a flexibilidade e a crença em potencial são o que valorizam e identificam como responsáveis por gerar "imensa satisfação" na relação entre pais e filhos. Ao mesmo tempo, esses pais também relataram tensões e dilemas contínuos em casa e "o medo de muitas vezes se envolverem *demais* nas vidas dos filhos, de terem dificuldade de estabelecer limites apropriados com relação a questões de disciplina, e de não saberem botar em prática a confiança quando os riscos são muito altos".

O que tenho observado nos sistemas familiares é que essa "flexibilidade" e a capacidade de negociar na relação entre pais e filhos é o que *aumenta* a ansiedade nas crianças. Em seu livro *Blessings of a Skinned Knee*,[17] a escritora e psicóloga clínica Wendy Mogel afirma que os pais de hoje são tão envolvidos em ter "democracias" dentro de suas famílias que valorizam a autoexpressão de uma criança em detrimento da sensação de segurança dela. Mogel escreve: "ao se recusarem a ser figuras de autoridade, esses pais e mães não capacitam os seus filhos, eles os tornam inseguros". Quando os adultos não estão totalmente no comando, as crianças ficam inquietas.

Quanto ao seu nível de desenvolvimento, as crianças em idade escolar são, em grande medida, concretas em seu modo de pensar. A capacidade de pensar de formas mais abstratas não começa de modo geral antes dos onze anos de idade, de acordo com o psicólogo do desenvolvimento Jean Piaget. O desenvolvimento cognitivo é um processo que ocorre por etapas: nas crianças com idades entre dois e sete anos, predomina o "pensamento mágico", enquanto que as crianças de sete a onze anos são muito lógicas

---

17 N. T. Livro ainda sem tradução no Brasil. Uma tradução literal possível, *Os benefícios de um joelho esfolado*.

e concretas em seu pensamento. É só depois dos onze anos que começam a ter um raciocínio abstrato, que envolve as habilidades de utilizar a analogia e a metáfora, e a analisar e a avaliar a formulação de ideias e de pensamentos; os adultos são competentes nessas habilidades, não as crianças. No entanto, com frequência os pais envolvem seus filhos como "miniadultos" no raciocínio sutil, pressupondo que eles entendem todas as variações dos motivos pelos quais as regras mudam e variam. Por exemplo, em alguns dias há uma hora para dormir, em outros, não há. Em alguns dias as crianças podem correr na calçada sem sapatos, em outros dias têm que usar sapatos. Em alguns dias, não lhes acontece nada se elas empurrarem os irmãos, em outros, esse comportamento não é tolerado.

Isso é altamente confuso e provoca ansiedade. Os pais pressupõem que o lar familiar é um ambiente seguro para que as crianças "simplesmente sejam elas mesmas", enquanto que a escola deve ser um lugar estressante. No entanto, eu diria que muitas crianças ficam aliviadas quando há ordem, previsibilidade e regras definidas, e estressadas em uma casa que tende a ser caótica com regras constantemente instáveis. Muitos pais me dizem que seus filhos se comportam bem na escola, mas se transformam em casa.

Quando os adultos correspondem à etapa de desenvolvimento da criança e criam um ambiente confiável e concreto, isso gera uma sensação de previsibilidade e segurança e *diminui* a ansiedade. Isso significa dar ao seu filho uma consequência toda vez que ele empurrar a irmã, mesmo que seja uma consequência mínima. Se as regras sempre mudarem e variarem, as crianças usarão muita energia para examinar e testar as regras, em vez de simplesmente aceitá-las. Isso pode levar a mais preocupação, mais ansiedade.

De acordo com os psicólogos do desenvolvimento, após os onze anos de idade os pais poderão ter mais sucesso ao discutirem as nuances acerca das regras, pois isso reflete o estado do desenvolvimento da criança. Ainda hoje, muitos pais e mães tentam ter esse tipo de conversa com crianças de três, cinco e oito anos. E é completamente diferente negociar com um adolescente que tenha aprendido a seguir regras, (pois ele ou ela estão testando a independência e a maturidade recém-descobertas), e negociar com uma criança que nunca obedeceu a nenhum limite.

Narcisismo normal

O narcisismo é normal e adequado ao desenvolvimento das crianças pequenas. No entanto, se ele se estende até a adolescência, pode infelizmente tornar-se parte integrante da personalidade emergente de um indivíduo jovem. Em *The long bag we drag behind us*,[18] o psicólogo Robert Bly afirma: "Quando tínhamos um ou dois anos de idade, tivemos algo que podemos visualizar como uma personalidade de 360 graus. A energia irradiava de todas as partes de nosso corpo e de todas as partes de nossa psique." A criança se vê como o centro do Universo — isso é natural.

No entanto, à medida que deixam a primeira infância, precisamos romper com esse narcisismo normal. Os limites são restrições que permitem que as crianças cresçam, que tenham consciência da presença das outras pessoas, tenham empatia, vivenciem a decepção e que estejam mais conectadas com o mundo real. Os limites nos trazem de volta à realidade.

Dizendo não

Para alguns pais, dizer não tem um caráter finito em si — quase como uma morte — que faz com que muitos sintam um imenso desconforto para pronunciá-lo. Dizer não é mais fácil quando as crianças pedem algo que está além dos meios de um pai ou de uma mãe: um carro novo, por exemplo. Porém, muitos pais dizem sim até mesmo quando não dispõem dos recursos para atender ao pedido dos filhos, ou quando o pedido vai contra os seus valores,

---

18 N. T. Livro sem tradução no Brasil. Literalmente, ou uma tradução possível, *A longa bolsa que arrastamos pelo caminho*.

pois não querem decepcionar os filhos. Por exemplo, muitas mães me disseram que pagaram caro por apliques de cabelo, sessões em cabines de bronzeamento e manicures para suas filhas, coisas estas que vão totalmente contra suas convicções quanto às garotas focarem demais em suas aparências, simplesmente porque não conseguiram dizer não. Outros pais me contaram que deixaram seus filhos irem a shows noturnos na escola ou a ficar até tarde na rua, embora não considerassem isso algo sensato. Outros pais preparam três pratos diferentes para o jantar todas as noites a fim de agradar cada um dos membros da família.

A primeira nobre verdade do budismo é que o sofrimento é inerente à vida; de modo semelhante, a tristeza ou a decepção dos nossos filhos são inevitáveis quando dizemos não. Dar aos nossos filhos aquilo que eles querem é a nossa tentativa de evitar o sofrimento visível, mas será que agir assim nos leva a obter isso? Logo a criança vai "precisar" de mais alguma coisa. As crianças precisam conciliar suas necessidades e desejos com a realidade da vida — isso faz parte do processo de amadurecimento e da confecção de sapatinhos.

Nossos filhos *querem* estar em contato com algo real. Os limites fazem com que se sintam seguros — assim como o bebê dentro do útero sente constantemente a pressão da placenta e do útero empurrando a sua pele nova, uma pressão externa que cria um ambiente seguro e fértil. Os bebês e as crianças pequenas funcionam melhor em espaços contidos (que devem crescer à medida que eles crescem). Quando conseguem dominar um ambiente, estão prontos para perambular por um perímetro maior, mas ainda assim querem saber onde fica o cercado — que significa segurança. À medida que se constroem os recursos internos, o cercado pode passar a ser o quintal, o bairro, a cidade, o estado, o país e o mundo da criança. Com autodomínio e sapatinhos, ela estará equipada para andar por tudo.

Recursos Internos promovidos com essa abordagem

- Solução de problemas
- Tolerância ao sofrimento
- Motivação interna
- Adaptabilidade
- Autodisciplina
- Gratificação adiada

CAPÍTULO 6

Habilidade: a educação de causa e efeito
Conectando os nossos filhos ao mundo real

> O carma representa a soma total de causa e efeito nas nossas vidas; as causas que fizeram de nós o que somos, os efeitos nós criamos a cada instante em resposta àquelas causas.
>
> — **Barry Magid,** *Nothing Is Hidden*[19]

Há muitas maneiras de fazer o espelhamento para os nossos filhos e trazer causas e consequências de volta para o nosso modo de educá-los. Veja a seguir algumas habilidades que ajudam a facilitar essa abordagem.

1. Deixar nossos filhos vivenciarem consequências naturais

Consequências naturais ocorrem o tempo todo; precisamos deixar que aconteçam para os nossos filhos. Por exemplo, observar as flores morrerem no outono pode levar a uma discussão sobre como a vida começa e termina para todas as coisas que integram o mundo vivo. Para algumas crianças, há uma experiência de perda mais imediata em suas vidas, como a morte de um bichinho de estimação, um avô ou uma avó ou outro membro da família. Esses eventos são tristes, mas ignorar, negar ou tentar consertá-los não ajuda as crianças. Há muitos pequenos reveses que os pais tendem a ignorar. Não basta apenas substituir o peixinho morto do seu filho e esperar que ele nunca perceba a troca — para o seu filho,

---

19 N. T. Obra sem tradução no Brasil. Literalmente, *Não há nada escondido.*

é muito melhor perder um peixinho e vivenciar uma dor menor antes que se depare com a perda de um ente querido.

Quando as minhas filhas compreenderam que todos nós vamos morrer, até mesmo eu, a sua mãe, isso provocou uma discussão sobre como viver a vida. Falei que, embora todos morramos, ninguém sabe quando isso vai acontecer, por isso devemos aproveitar cada dia. Não falei: "Vou morrer daqui a muito, muito tempo", pois nenhum de nós sabe. Não se falou sobre a morte de forma assustadora, foi mais um reconhecimento dos processos naturais da vida. Na verdade, as minhas filhas, com três e cinco anos na época, começaram a falar sobre a morte toda vez que viam as folhas caírem das árvores, uma abóbora apodrecendo, o lugar no quintal onde enterramos as cinzas do nosso cachorro — estes comentários se tornaram observações normais da vida, não algo a ser encoberto. Lembre-se de que nós podemos remover gradualmente o couro ao redor dos pés deles e permitir que vejam o mundo à sua volta de maneira segura, controlada.

Isso pode ser aplicado a qualquer tipo de perda, seja um divórcio, um desdobramento, uma mudança ou à saída de um emprego. Precisamos prestar atenção às emoções das crianças e, com compaixão, deixar que as sintam.

Na vida cotidiana há perda e decepção — em vez de consertar tudo, os pais podem confeccionar sapatinhos. Além dos seres vivos que morrem, muitos brinquedos e coisas fabricadas por seres humanos se quebram. Isso também é uma perda. Como exemplo, há muitas lágrimas na minha casa quando os balões estouram. No entanto, em vez de correr para comprar um balão novo, uso essa oportunidade para conversar sobre os prazeres temporários e para ensinar que, com frequência, junto com a alegria há também tristeza. Outro exemplo são as idas ao banco em família: às vezes os caixas dão adesivos e pirulitos para as minhas filhas, às vezes não. Falei para as minhas filhas: "Não vou pedir um pirulito ou um adesivo; só precisamos dizer 'obrigada' caso surja um agrado." Isso também já gerou lágrimas, mas uma vez que reconheci os sentimentos delas, as crianças em geral superam e apenas ficam com a esperança de receber um agrado na próxima vez.

Outras consequências naturais podem ser perder itens pessoais como um livro, um telefone celular ou uma luva de beisebol. Não podemos fazer tudo "perfeito" o tempo todo, e precisamos deixar que nossos filhos vivenciem seus sentimentos associados a essas perdas. Deixar um brinquedo eletrônico na chuva significa que ele não funcionará mais, isso é uma consequência natural. Não precisamos ficar alarmados quando os nossos filhos sentem tristeza ou vivenciam uma perda.

Muitos pais perguntam quando deixar que os filhos vivenciem consequências, uma vez que quando são muito jovens, eles simplesmente não entendem. A minha resposta é avaliar a idade da criança. Ainda assim você pode dizer a verdade, embora deva entender que uma criança com idade entre dois e sete anos vê as coisas de forma mágica, enquanto que entre sete e onze anos provavelmente entenderá as consequências de forma mais concreta e realista.

O ponto principal é que a tentativa de resgatar os nossos filhos das consequências naturais apenas os afasta da realidade e da educação de causa e efeito. Se o seu filho não é convidado para uma festa de aniversário, isso pode ser perturbador, porém é também uma oportunidade para conversar sobre amizades e dinâmicas sociais, assim como para ouvir e validar os sentimentos do seu filho. É um momento para demonstrar empatia, não para consertar a situação. Quando os pais se envolvem e encontram uma maneira de convidar o filho para a festa, pode ser que isso conserte uma mágoa temporária, mas pode não ajudar no processo de confecção de sapatinhos quando ocorrer a próxima rejeição.

Habilidade: Não elimine as consequências naturais. Deixe que seus filhos as vivenciem e tenham seus sentimentos. Essa é uma ótima oportunidade para ouvir.

Tente isso: Na próxima vez que seu filho ficar chateado ou tiver alguma decepção, ouça com atenção e valide aquele sentimento (preocupação, raiva, tristeza etc.). É provável que o seu filho supere o que aconteceu quando se sentir completamente ouvido. Deixe que seus filhos mudem por conta própria. Quando isso acontece, eles estão processando suas emoções da forma mais natural possível.

2. Dê consequências lógicas

Nem todas as ações têm consequências naturais claras; nesses casos, cabe aos pais aplicar suas próprias consequências lógicas. Pensar em uma consequência lógica que seja adequada para uma situação requer um pouco mais de esforço do que simplesmente deixar que as crianças vivenciem consequências naturais, mas é então que os pais podem ser claros e assertivos, e não conservadores. Para muitas famílias, uma consequência inventada poderia ser apenas pedir que os filhos fossem para seus quartos se tivessem uma atitude desrespeitosa ou hostil. Mas, se possível, é bom tentar associar com mais clareza os comportamentos às consequências. Na minha experiência, até mesmo o simples fato de conversar sobre consequências lógicas ajuda a orientar comportamentos.

Por exemplo, na minha casa chegamos a uma consequência para quando uma das minhas filhas é agressiva com a outra. A menina agressora tem de reparar o que fez, seja lendo uma história para a irmã seja fazendo um cartão para ela. O que tenho observado é que, depois de se acalmarem, elas na verdade adoram fazer isso, e sua energia se altera rapidamente de negativa para positiva. O objetivo não é humilhar o comportamento negativo, pois todos nós somos capazes de sermos agressivos, mas reconhecer os sentimentos e restabelecê-los. Um conceito importante no processo de paz, descrito no livro *Resolvendo conflitos*, de

Arbinger Institute,[20] é a "Pirâmide da Mudança". Na Pirâmide da Mudança, o pico do triângulo tem a ver com "lidar com as coisas que estão dando errado", que é abordar a agressão ou o conflito. No entanto, a parte maior da pirâmide se refere a "ajudar para que as coisas deem certo". No caso dos irmãos, em geral colocamos a maior parte da nossa energia nos conflitos deles, quando, em vez disso, podemos usar muito mais energia para construir boa vontade entre eles, na diplomacia e na pacificação dos conflitos. Se uma das minhas meninas chega para mim para se queixar da outra, em geral pergunto: "Você já disse para ela como você está se sentindo?" A seguir, a ouço dizer para a irmã: "Eu me sinto triste, magoada e desrespeitada quando você ri de mim." Embora este nunca seja um processo totalmente suave, em geral existe algum tipo de reconhecimento de que uma magoou a outra. Nesses cenários, não intervenho nem tento consertar as coisas. Em vez disso, incentivo-as a serem claras e assertivas uma com a outra, a construírem as habilidades necessárias para desenvolver o relacionamento entre elas. Esse é o solo fértil do lar, onde há conflitos todos os dias. Esse é o lugar onde podemos escolher como vamos direcionar a nossa energia.

Se uma criança mente, pode haver consequências naturais e lógicas. Uma consequência natural é que o nível de confiança do pai ou da mãe sofreu uma queda. Isso é causa e efeito: quando alguém nos diz a verdade de forma constante, o nosso nível de confiança se eleva, e quando alguém nos diz a verdade de forma inconstante, o nosso nível de confiança cai. Às vezes gosto de descrever a confiança como uma conta bancária. Cada vez que as palavras de uma criança se mostram condizentes com suas ações são como depósitos feitos no "banco da confiança", e cada mentira ou incongruência é como uma retirada. Isso nos permite também estabelecer consequências lógicas, o que permite que as crianças percebam as mentiras como algo prejudicial a elas mesmas, não apenas aos seus pais. Quando os pais confiam nos filhos, é mais

---

20 N. T. No original, *The Anatomy of Peace*.

provável que os deixem ir para a casa dos amigos ou entreguem-lhes a chave do carro — a confiança melhora diretamente a vida das crianças.

Ainda assim, tenho observado muitos exemplos de quebra de confiança que não impedem os pais de seguirem confiando cegamente em seus filhos. Muitas crianças até mesmo usam isso como arma: "Você não confia nem mesmo no seu próprio filho!" ou "Você confia mais na minha professora do que em mim?". Os pais caem nisso porque cada fibra de seus corpos quer confiar em seus filhos — porém, precisam observar o "banco da confiança". Ele está vazio ou está cheio? Um pai ou uma mãe deve confiar nos filhos não com base em um ideal, mas sim na realidade de seus filhos serem ou não confiáveis. A confiança cega pode permitir que as crianças se envolvam mais profundamente em comportamentos prejudiciais, até que se deparem com alguma consequência na vida real, como um acidente de carro, uma ocorrência policial ou uma suspensão. É por isso que temos que aplicar consequências lógicas em casa primeiro, mesmo que sejam desconfortáveis.

Uma nota de advertência: precisamos estabelecer consequências realistas para que possamos executá-las com mais facilidade. Muitos pais ameaçam deixar os filhos de castigo durante uma semana inteira, mas se veem incapazes de seguir até o fim sem fraquejar. As consequências lógicas precisam ser aplicadas de forma consistente a fim de serem eficazes. Consequências simples como tirar o celular da criança durante um dia são frustrantes o suficiente para uma criança — e passíveis de serem executadas pelos pais.

O papel negativo da humilhação

O que diferencia uma consequência de uma punição é que o objetivo de uma consequência não é menosprezar uma criança ou infringir a sua dignidade — o objetivo é ter causa e efeito. As crianças não se sentem punidas pela natureza quando fica escuro ou frio, e elas precisam se esforçar mais para organizar seus pertences sem luz; elas veem isso como sendo a ordem natural das coisas. A natureza não oferece um tom de crítica ou desaprovação. No entanto, em geral, quando aplicamos consequências, as nossas reações emocionais estão ainda presentes e escritas em nossas faces, ou podem ser ouvidas em nosso tom de voz. Esses sinais podem implicar em uma decepção, ou até mesmo uma contenção, e podem transformar uma consequência em punição. Como podemos dar consequências que pareçam tão naturais quanto o pôr do sol — sem qualquer carga emocional?

Hoje existe uma consciência psicológica considerável em relação aos efeitos negativos de xingar, menosprezar ou humilhar os filhos. No entanto não há nenhum método amplamente aceito para fazer com que eles se sintam envergonhados. Em seu livro *Os pais que queremos ser*,[21] o psicólogo Richard Weissbourd relata que a ênfase em ser "perfeito", "feliz" ou mesmo em estar "bem" estabelece expectativas não realistas. Quando as crianças não se sentem felizes o tempo todo, sentem que deve haver alguma coisa errada com elas. Os pais se esforçam tanto para criar ambientes perfeitos e consertar decepções que ficam frustrados quando seus filhos não estão felizes, e as crianças sentem isso. Weissbourd escreve que "sentimentos como raiva, ciúme e até mesmo a própria vergonha podem se tornar fontes de humilhação".

É importante estabelecer a distinção entre culpa e vergonha. A culpa está associada a fazer algo errado, algo que viola os valores de uma pessoa: demonstrar desrespeito, mentir, gritar, enganar e roubar. Na verdade, é bom que nos sintamos culpados em relação a essas ações, pois significa que nos importamos conosco mesmos e com os outros. A vergonha, no entanto, está associada a sentir-se mal em relação a si mesmo, mas não em relação às próprias ações. Os indivíduos que sentem muita vergonha em geral não se importam com os outros, pois têm um intenso sentimento ligado à própria falta de dignidade.

Hoje em dia, é possível que a vergonha observável tenha em

---

21 N. T. No original, *The Parents We Mean to Be.*

grande parte sido deixada nas gerações anteriores, mas a vergonha sutil está viva e muito presente, embora seja mais difícil de vir à tona. Muitos adultos jovens que aparecem nos consultórios dos terapeutas hoje não relatam problemas com os pais como ocorria nas gerações anteriores. Eles dizem: "Tive pais muito comprometidos comigo, e ainda sou muito próximo deles." Em vez disso, esses jovens sentem que são o problema — "Há alguma coisa errada comigo". Aos jovens de hoje, só é permitido sentir felicidade. Sentem-se culpados ou mal quando estão preocupados, tristes, ansiosos, frustrados, e assim por diante.

Hoje, para muitos jovens e crianças, o espectro completo de emoções positivas e negativas não é espelhado, ouvido ou validado pelos pais. O problema é o mesmo para quem quer que entre no consultório de um terapeuta — os indivíduos precisam de ajuda para acessar e vivenciar suas emoções. Quer os pais sejam críticos ou dedicados com os filhos, ambos os comportamentos podem perturbar a capacidade da criança de sentir.

Recentemente dei um curso no Middlebury College durante o qual escrevi no quadro trinta "palavras sentimentos". Pedi que os alunos fizessem uma "verificação de sentimentos", em que simplesmente tinham que escolher uma palavra que mais exatamente descrevesse o modo como eles se sentiam naquele momento. Os alunos disseram que foi um exercício estranho, porém reconfortante, pois normalmente nunca paravam para identificar o que sentiam. Puderam perceber que, normalmente, eles lidam com suas emoções em um nível mais inconsciente. Pedi, então, que imaginassem que aquelas trinta palavras eram cores, e que escolhessem uma cor associada ao seu sentimento. Será que a cor (amarelo, cinza, azul, roxo) havia permitido que vivenciassem a emoção (preocupação, relutância, frustração, contentamento) de uma forma diferente? Será que agora havia menos julgamento, menos rótulos de emoção "boa" ou "ruim"? A maioria admitiu ter tido um julgamento interno forte em relação a qualquer emoção negativa como tristeza, preocupação e frustração. Havia no grupo uma acentuada sensação de que deviam reconhecer apenas emoções positivas.

É importante que os pais estejam conscientes das mensagens sutis que possam estar enviando aos filhos em sua educação de causa e efeito. Todos nós somos capazes de fazer escolhas ruins, e os nossos filhos não são diferentes. Em vez de colocarmos uma carga emocional nas nossas reações e julgarmos os nossos filhos, simplesmente precisamos cobrar responsabilidade deles. Se a minha filha exibe algum comportamento muito ruim e em seguida recebe uma consequência, não precisamos seguir trazendo aquele comportamento à tona e lembrando-a daquilo; após ter sido estabelecida a consequência para aquele comportamento, podemos todos superar o ocorrido e seguir em frente. O fato de permitirmos que as crianças sejam responsabilizadas por seus maus comportamentos ou por suas escolhas ruins é algo que pode na verdade ser libertador para elas, em vez de contribuir para intensificar um sentimento de culpa.

Temos que dar consequências de uma forma equilibrada. Percebi que as minhas filhas ficam mais chateadas com o meu tom de decepção do que com a consequência em si. Desse modo, tento dar a elas consequências de uma forma muito prática, e lembrá-las de que têm uma escolha. Depois disso, posso me desassociar daquela consequência. Assim, se as minhas filhas decidem que odeiam algo que esteja em seus pratos no jantar, digo que não poderão comer sobremesa nem outra comida sem que experimentem o que está no prato, mas que a decisão cabe a elas. Dessa forma, aplicar consequências lógicas pode nos libertar enquanto pais e mães.

Ser divertido

As consequências lógicas também podem ser criativas e divertidas. Nos meus anos de trabalho com adolescentes em situações na natureza, constatei que o fato de provocar e extrair contribuições deles é algo que permite que se sintam parte integrante do processo. Surpreendentemente, os garotos muitas vezes sugerem consequências mais severas do que eu poderia ter imaginado. Por exemplo, em alguns programas de terapia na natureza, os garotos podem ganhar uma cadeira de acampamento. Então um aluno poderia dizer "Vou perder a minha cadeira de acampamento por uma semana se eu me comportar mal, consequentemente não serei um bom exemplo para os meus companheiros. A minha cadeira simboliza o fato de fazer escolhas certas", quando é provável que eu fosse tirar-lhe a cadeira apenas por um dia.

As consequências podem ser transformacionais para os nossos filhos se as incluirmos nos processos de tomada de decisão e de solução de problemas. Algumas famílias podem até mesmo estabelecer consequências para os adultos — isso sustenta a ideia de que todos nós temos que ser responsáveis uns com os outros. Então, por exemplo, meu marido e eu pagamos às nossas filhas 25 centavos se dissermos um palavrão. Isso permite que as nossas filhas saibam que nós também temos que ser responsáveis. No meu caso, com frequência faço intervalos caso esteja ficando frustrada demais com elas e percebo que preciso ir para o meu quarto por alguns minutos. As crianças não são as únicas pessoas que precisam trabalhar o próprio comportamento; o fato de os pais se envolverem oferece uma maneira de exibir um modelo de que todos nós temos oportunidades de tomar decisões saudáveis ou não saudáveis — elas não são "más" por fazerem uma escolha não saudável. Todos nós estamos no processo de confecção dos nossos sapatinhos.

Habilidade: Usar a criatividade para propor consequências lógicas adequadas que se encaixem em cada incidente que ocorrer. Valorizar os pequenos conflitos em casa pois eles preparam as crianças para o processo de causa e efeito do mundo real.

Tente isso: Peça que o seu filho proponha uma consequência para o comportamento problemático dele e peça que a execute até o fim por conta própria. Isso irá desenvolver confiança, responsabilidade e integridade.

3. Consequências positivas ou recompensar

Assim como uma má escolha deve merecer uma consequência negativa, as escolhas positivas muitas vezes produzem resultados positivos. As consequências positivas naturais acontecem como resultado do fato de a criança tomar decisões saudáveis que podem trazer mais confiança e mais liberdade. No entanto, quando se trabalha com comportamentos problemáticos, às vezes uma outra maneira de orientar uma criança para escolhas mais saudáveis é incorporar uma recompensa.

Dar às crianças um incentivo para analisarem seus comportamentos pode também promover o processo de amadurecimento. Por exemplo, quando uma criança tem uma explosão de raiva e tem atitudes como gritar, berrar, ameaçar e bater portas, os pais podem estrategicamente abordar a raiva usando uma afirmação "eu sinto" vinculada a um plano. "Eu me sinto impotente quando você fica tão irritado. Não posso deter a sua raiva ou controlar você; só você pode controlar a si mesmo. E se eu lhe desse uma recompensa por aprender a controlar as suas explosões de raiva sozinho? Ainda assim, você continua tendo o direito de ter os seus sentimentos de raiva; apenas não pode expressar esses sentimentos de maneira destrutiva. Se durante uma semana inteira você conseguir controlar a sua raiva de forma consecutiva e adequada, eu lhe darei dez dólares para você gastar na sua loja de doces preferida. É só uma ideia; o que você acha? Se tiver um acesso de raiva antes do final de uma semana, começamos tudo outra vez. A escolha é sua, caso queira tentar."

Embora muitos pais possam considerar essa ideia ridícula, muitas crianças concordariam sem a menor dúvida. Mesmo que a criança esteja controlando a própria raiva pelos motivos errados (por exemplo, para ganhar um doce), estará experimentando um comportamento novo: o autocontrole. Esse novo comportamento reprograma o cérebro à medida que há um novo impulso associado à raiva: recuar e se acalmar. Essas são ações imensamente positivas para uma criança que apresenta um problema na reação à raiva. Em tratamento, muitas vezes utilizamos a frase "finja até que você consiga fazer naturalmente". Não importa se a criança está controlando a raiva por uma motivação genuína ou em troca de um doce; mesmo assim, a criança está se esforçando para romper com um padrão de comportamento arraigado, como um acesso de raiva. Essa recompensa serve apenas como um agrado para a criança.

Depois de um pai ou uma mãe gastarem uns dez, vinte, ou talvez trinta dólares em doces por semanas inteiras sem explosões de raiva, terá sido um dinheiro bem investido. Não é necessário que esse processo continue para sempre. Após algum tempo, os pais podem dizer: "Você demonstrou que realmente sabe controlar a sua raiva. Agora daremos um passo à frente e não vamos mais o recompensar com doces, mas tenho fé que você sabe como se controlar. De agora em diante, a recompensa será um novo amadurecimento e mais autocontrole."

Uma coisa importante de lembrar é que o pai ou a mãe não podem estar mais envolvidos do que o filho na conquista da recompensa. Se estiverem focados demais na ideia de o filho conquistar o doce, é muito provável que a criança não persista até o final. A criança precisa se sentir motivada internamente. Esse processo pode representar um grande esforço para toda a família. No entanto, é importante lembrar que preferimos muito mais que as crianças passem por esse conflito na segurança do lar do que lá fora no mundo real.

Habilidade: altere o tom negativo da consequência e pense em consequências positivas para as crianças que aprendem a controlar as próprias emoções e a si mesmas de maneiras saudáveis e produtivas. Por exemplo, com frequência damos agrados às crianças quando estão chateadas, a fim de deixá-las felizes. E se, em vez disso, dermos uma recompensa a uma criança que deixar de apresentar explosões de raiva e conseguir se acalmar sozinha?

Tente isso: pergunte ao seu filho o que gostaria de ganhar por controlar melhor a própria raiva — ou por organizar melhor a rotina dele pela manhã — de uma forma consistente durante uma semana. É assim que o mundo funciona: autocontrole emocional e habilidades organizacionais tendem a ser recompensados na vida real.

4. Afirmações "eu sinto"

As afirmações "eu sinto" são outra forma de espelhar o comportamento dos nossos filhos para eles.

Os nossos sentimentos fornecem às crianças informações sobre como elas nos afetam. Essa comunicação não acontece em um tom de atribuição de culpa, mas sim de forma prática e clara. "Eu me senti chateado e triste quando você mentiu sobre aonde você havia ido depois da escola." Os relacionamentos envolvem duas pessoas e, se quisermos que os nossos filhos sejam conscientes em relação aos sentimentos e emoções das outras pessoas, precisamos trazer os nossos sentimentos para a relação entre pais e filhos. Essa habilidade foi descrita com detalhes na Parte I deste livro, portanto, fiquem à vontade para voltar lá para refrescar a memória.

Habilidade: Quando estiver se sentindo chateado com o seu filho, entre em sintonia com as suas emoções e pergunte a si mesmo exatamente o que está sentindo. Reveja as afirmações "Eu sinto" e depois diga ao seu filho o que você está sentindo com a utilização desse formato.

Tente isso: Peça que a sua filha utilize uma afirmação "Eu sinto" caso ela esteja se fechando com você ou fazendo afirmações "você isso ou você aquilo". Valide o que a sua filha sente mesmo que ela esteja brava com você. Eu prefiro que as minhas filhas me digam que estão bravas comigo do que batam a porta na minha cara ou se fechem e se afastem de mim.

Falar sobre as consequências da vida cotidiana permite que as crianças percebam as consequências a sua volta. Por exemplo, ver um carro da polícia parar um motorista em alta velocidade mostra para as crianças as consequências de dirigir rápido demais; quem devolver os livros da biblioteca após a data estipulada estará sujeito à multa por atraso; conversar sobre a escassez de empregos para pessoas sem um diploma universitário permite que as crianças percebam a necessidade da educação escolar. Esses exemplos fazem parte da realidade da vida, então em vez de pairarmos em volta dos nossos filhos e os guiarmos o tempo todo, podemos educá-los e deixar que façam suas próprias escolhas. Quando as crianças tomam as próprias decisões, é mais provável que se envolvam em suas próprias vidas.

Muitos pais e mães me dizem que as consequências não funcionam porque os filhos não se importam de perder privilégios ainda que essas mesmas crianças se esforcem muito para obter e manter privilégios em programas terapêuticos. Quase toda criança se importa com alguma coisa, quer seja um jogo de computador, um telefone celular ou uma atividade social — até mesmo com uma cadeira de acampamento. As crianças apenas se tornaram peritas em ler as pistas dadas pelos pais e a responder de acordo a fim de vencer um conflito de poder. Lembre-se: quando as crianças ganham poder em casa, é menos provável que queiram obter uma sensação de poder pessoal no mundo real. E, honestamente, não importa que os pais pensem que a consequência está "funcionando" — o que importa é ir até o fim e ser consistente, de modo que a criança aprenda a lição sobre a lei de causa e efeito.

Parte III

Pedras:
os obstáculos da trilha

CAPÍTULO 7

A trilha dos pais

> A prática da atenção plena e da não responsividade é uma maneira de entrar em contato com a natureza básica desprovida de base — por perceber o quanto tentamos evitá-la.
>
> — **Pema Chodron**, *Comfortable with Uncertainty*[22]

Cooper

Cooper perdeu a mãe tragicamente para o câncer quando tinha apenas treze anos. Seu irmão mais velho havia acabado de sair de casa para fazer faculdade, e Cooper ficou em casa sozinho com seu pai de luto e inconsolável. Hoje, ainda se lembra do silêncio pesado na casa, dos rangidos da cadeira de seu pai no escritório, do seu hábito de andar pela casa na ponta dos pés para fingir que era invisível. Seu pai sempre fora uma pessoa emocionalmente distante, portanto ser bruscamente afastado da mãe — que era a fonte de afeto e alegria em sua vida — foi uma perda insuperável. Ele se recorda de ter se sentido dominado pela dor, sem um lugar para onde escapar. Um dia, após meses guardando seus sentimentos, ele conseguiu ter coragem para conversar sobre isso com o pai.

Cooper foi suavemente até o escritório do pai e se sentou no sofá enquanto o pai lia o jornal. O pai abaixou o jornal, olhou para o Cooper, depois terminou a leitura matinal. Eles eram bons em manter silêncios. Após torcer as mãos por um bom tempo, Cooper limpou a garganta e, olhando para o verso do jornal, disse em voz alta: "Sinto tanta saudade dela."

---

22 N. T. Título ainda sem tradução no Brasil. Literalmente, *À vontade com a incerteza*.

Cooper esperava se sentir aliviado, mas, em vez disso, sentiu um suor frio lhe correr pela pele. Ele logo ouviu o pai dobrar o jornal e jogá-lo sobre o tapete. "Você sente tanta saudade dela? Bem, pelo menos você tem a vida toda pela frente, eu não tenho mais nada." Em pânico, Cooper se levantou e saiu da sala. Após essa aposta na vulnerabilidade, Cooper aprendeu a nunca mais mencionar a mãe para o pai.

Esse acontecimento ficou tão intensamente registrado em sua psique que Cooper jurou a si mesmo que nunca permitiria que seus filhos se sentissem sozinhos — nunca. Ele acreditava enfaticamente que alguém poderia ter lhe tirado a sua dor quando ele era um adolescente de luto, se pelo menos tivesse por perto alguém que se importasse. Ele tinha certeza de que, no futuro, seria um pai carinhoso.

Cooper e sua esposa, Karen, tiveram três filhas. E, embora nunca falassem abertamente sobre o assunto, Lizzie, a filha mais nova, era uma fonte de imenso estresse para a família. Estava sempre indo contra a corrente, resistia, demonstrava irritabilidade e era rebelde. Além disso, depois de alguns anos de conflitos na escola, recebeu um diagnóstico de transtorno de aprendizagem não verbal.

Cooper sentia uma tristeza devastadora por causa da Lizzie e, fiel às suas convicções, era implacável em suas tentativas de afastar a dor dela. O diagnóstico da filha provocou um esforço ainda maior no sentido de prever as necessidades dela. Ele se preocupava: "Será que ela está processando as informações de forma incorreta? Talvez não compreenda totalmente o que as outras pessoas dizem." Assim, sempre que Lizzie expressava ou sugeria qualquer sinal de que estivesse chateada, Cooper estava lá para resgatá-la. Ele se tornou um especialista em ler os seus sinais não verbais. Percebeu que poderia preencher as lacunas dela. Lizzie não precisava sequer dizer alguma coisa, poderia apenas fazer um beicinho, olhar de uma determinada maneira, ou se mostrar decepcionada, e Cooper se colocava em ação — preparando um jantar, ajudando-a com as lições da escola, terminando uma tarefa dela, limpando o seu quarto, e assim por diante.

Os obstáculos dos pais

Muitos pais ficam tão focados nas pedras e obstáculos presentes nos caminhos do filho que perdem de vista os *seus* obstáculos. Embora em outros contextos possamos ser adultos funcionais que têm empregos, compromissos e responsabilidades, muitos de nós interrompemos o nosso processo de crescimento quando temos filhos e, em vez disso, nos dedicamos ao crescimento das crianças. No entanto, desejarmos ser provedores para os nossos filhos e os criarmos da melhor forma possível também significa darmos continuidade ao nosso próprio processo de crescimento pessoal. Todos os relacionamentos são compostos de duas pessoas, e, na relação entre pais e filhos, os pais também precisam investir no lado da equação onde se encontram. Isso, é claro, pode ser muito desafiador, pois a maior parte dos pais mantém sob o microscópio o lado do filho na equação.

Quando um pai ou uma mãe observa um filho experienciar uma dor emocional, isso pode levar esse pai ou essa mãe a se lembrar de sua própria dor na infância. Se um pai simplesmente enfiou a cabeça na areia durante todos esses anos para evitar ver e sentir a própria dor — não importa que seja grande ou pequena —, ela muitas vezes poderá espreitá-lo quando ele for confrontado com os conflitos do filho. Nada disso ocorre em um nível consciente; ao contrário, o pai reage rapidamente para resolver o conflito do filho e evitar o sentimento de fracasso que ele vivenciou quando era criança. Dessa forma, a dor da infância pode erguer sua temida cabeça nos nossos padrões de relacionamento entre pais e filhos.

Os pais são os modelos emocionais de seus filhos, quer gostem ou não. Não podemos pedir que nossos filhos façam algo que nós mesmos não estamos dispostos a fazer. Não conseguiremos permitir que uma filha permaneça com a própria tristeza se nos apressarmos em procurar uma saída toda vez que estivermos tristes. Para servirmos efetivamente como modelo, precisamos vivenciar os nossos sentimentos de tristeza, decepção, frustração, ansiedade — e ficarmos com essas emoções sem exageros e sem nos fecharmos em nós mesmos. Precisamos demonstrar que estamos dispostos a sentir e a ouvir as emoções dos outros, mesmo em um conflito — em vez de rompermos as relações com as pessoas ou tentarmos "consertá-las". Precisamos ser responsáveis pelas nossas falhas e reparar os nossos erros. É muito mais difícil simplesmente permanecer presentes e abertos para os nossos filhos do que usarmos as reações do piloto automático. Permanecer com o desconhecido significa confeccionar sapatinhos; permanecer em padrões automáticos significa um esforço para permanecer no controle e confeccionar uma almofada ao redor de nós mesmos.

* Quando a ansiedade de um pai ou uma mãe desencadeia uma montanha-russa emocional, é isso o que os filhos aprendem — a como fazer para deixar a ansiedade entrar em uma escalada em espiral.

* Quando os pais batem quando se veem dominados pela fúria, é isso o que os filhos aprendem - a partir para o ataque.

* Quando os pais se recusam a sentir ou a permanecer presentes em suas vidas, é isso o que os filhos aprendem — a se desligarem emocionalmente.

Relaxe. Todos nós temos hábitos negativos. E, é claro, muitas crianças são imensamente diferentes dos seus pais. No entanto, em qualquer contexto, os pais ainda podem servir como modelo sobre como trabalhar com as emoções, compartilhar sentimentos, permanecer com o desconforto, ficar vulnerável, estabelecer limites, assumir responsabilidade, reparar conflitos, validar sentimentos e até mesmo aceitar a incerteza. Mas, antes que possamos fazer isso, precisamos ser autoconscientes e conhecer as nossas respostas automáticas para o nosso conteúdo emocional.

As respostas automáticas

As respostas automáticas fazem parte do sistema de reação emocional de um pai ou de uma mãe e decorre da história pessoal desse pai ou dessa mãe. Ao tratar de crianças, adolescentes e em adultos jovens, o foco é sempre no conflito desse indivíduo. No entanto, todos nós sabemos que as crianças não são criadas em vácuos; elas são criadas dentro dos históricos emocionais dos pais. Não podemos fingir que essas respostas e histórias emocionais não existem. Na verdade, elas estão lá falando alto e claro, para o bem ou para o mal, nas nossas interações com os nossos filhos.

Destacar essas respostas automáticas é fundamental para o sucesso da análise dos padrões de relacionamento entre pais e filhos, bem como para permitir que surjam novos resultados nessa relação.

Cooper

O Cooper descrito na história anterior, estava perpetuamente resolvendo os problemas para a filha e não conseguia parar de agir assim. Qualquer conflito que ela tivesse, manifesto ou não, ele antevia, pesquisava, planejava e resolvia. Trabalhava incansavelmente nos bastidores da vida dela. No entanto, não tinha ideia de que estivesse ansioso e que tivesse esses comportamentos. Tudo isso ficou sem ser analisado, pois ele achava que era isso o que os pais faziam. Cooper admitiu que não poderia nem imaginar não tentar ajudar a filha quando ela se debatia em alguma situação. O que aconteceria se ele se abstivesse de todos os seus esforços de resgate e, em vez disso, deixasse que a filha resolvesse os seus problemas sozinha?

Quando Cooper veio a analisar *sua* resposta automática como pai, começou a olhar para a sua história pessoal. Começou a perceber que a ideia de se abster de ajudar a filha criava um sentimento de pânico porque ele próprio não tivera ninguém para ajudá-lo ao longo do período doloroso da perda da mãe. Presumia que ser um bom pai significava nunca deixar que a filha enfrentasse algo sozinha. Embora, por um lado, as suas intenções parecessem lógicas e benignas, o Cooper começou a perceber que seus comportamentos eram impulsionados sobretudo por sua ansiedade lá da infância. Tomar consciência disso o deixou chateado. Ele pensou: "Será que estou ajudando a minha filha ou tentando me proteger?" Ao perceber o quanto estava confuso, Cooper sentiu-se obrigado a recuar e a ajudar a filha apenas quando tivesse certeza de que essa ajuda não seria motivada por um sistema de resposta ansioso que ele inconscientemente desenvolvera ao longo dos anos.

Cooper também começou a ver que, ainda que suas intenções fossem genuínas, sua filha estava profundamente dependente dele e não sabia agir por conta própria para resolver problemas, o que na verdade a tornou *menos* capaz de lidar com seu transtorno de aprendizagem. Ele havia interrompido o processo de amadurecimento emocional dela. Também começou a admitir o quanto ela podia ser exigente, impaciente e irritante. Abster-se do impulso do resgate foi um desafio tanto para ele quanto para a filha, mas com o tempo isso levou a novos resultados e permitiu que a filha retomasse o próprio processo de crescimento emocional.

Agora, Cooper apenas ajuda a filha caso ela peça sua ajuda ou caso o pedido pareça razoável, pois assim ela assume alguma responsabilidade na obtenção da ajuda. Apesar de ter sido difícil no início, Cooper notou que, ao deixar de se ocupar exclusivamente com a filha, ele pode passar a cuidar da própria vida e se dedicar a voltar a entrar em forma — isso também ajudou a restaurar o equilíbrio na relação entre pai e filha.

A resposta automática de Cooper:
Resgatar a filha dos conflitos a fim de controlar a própria ansiedade.

Linda

Não importa quais fossem as circunstâncias, Linda sempre usava o artifício da empatia quando se tratava dos comportamentos do filho, independente do quanto fossem graves. Como para ela sua própria mãe havia sido severa, Linda ficava sempre ansiosa para ouvir as explicações do filho e ver o seu lado. Toda vez que ele se fechava, mentia, ameaçava ou agia com desrespeito, havia sempre alguma desculpa para o comportamento dele. O resultado dessa resposta automática foi que rapidamente Linda perdeu o contato com o que ela de fato sentia. Será que ela se sentia frustrada quando ele se fechava, ficava magoada quando ele agia com desrespeito e brava quando ele ameaçava ou mentia? Qual era a história pessoal da Linda por trás desse desequilíbrio?

Quando o seu filho iniciou a terapia, o terapeuta a questionou sobre por que o seu filho se comportava mal. Linda pressupunha que seu filho estivesse em sofrimento, por isso o seguia sempre – para confortá-lo e resolver tudo. Ao ser questionada sobre o que ela sentia, ficou sem saber o que dizer. Não era algo a que tivesse acesso; ela estava preocupada demais se concentrando e antevendo as necessidades e os sentimentos dos outros.

Com tempo e com a orientação de um terapeuta, Linda descobriu que ela estava em sofrimento, uma dor relacionada a perdas ocorridas em sua própria infância. Na verdade, ela não tinha ideia do que seu filho sentia; nunca perguntou a ele. O sistema de resposta emocional da Linda surgiu a partir da sua história pessoal: ela foi criada em uma família em que tanto o pai como a mãe tinham personalidades fortes, influenciadas pelo álcool, uma realidade a qual ela teve que se adaptar. Linda percebia os sentimentos deles e se esforçava muito para agradar os pais. Nenhum deles via, espelhava ou validava as emoções da filha. Ela nunca soube realmente o que sentia, e quando de fato se sentia mal, voltava-se para a autocrítica.

À medida que a Linda começou a entrar em sintonia com suas próprias emoções, ele observou pela primeira vez que não apenas se sentia frustrada, mas também com raiva com o desrespeito contínuo do filho. Foi difícil identificar e admitir a raiva, pois ela nunca tivera uma consciência desse sentimento antes. No entanto, esse momento foi um divisor de águas não apenas para Linda, mas também para o seu filho. Na sessão de terapia seguinte, ela lhe disse: "Querido, adoro conversar com você e os seus sentimentos são muito importantes para mim. No entanto, não vou mais tolerar que haja desrespeito na nossa comunicação. Na próxima vez que você agir com desrespeito, vou terminar a conversa deixando claro que não poderei ouvi-lo ou conversar com você a menos que fale comigo de uma maneira diferente."

Linda teve que seguir o combinado até o fim e abreviar muitas conversas e ligações telefônicas. Ela se sentia triste com isso, mas também sabia que não estaria fazendo nenhum favor a ele ao permitir que agisse com desrespeito ou de modo emocionalmente manipulador. A consciência de sua resposta automática a levou a perceber sua própria raiva e frustração, e isso fez com que a Linda estabelecesse seu primeiro limite e atribuísse responsabilidade ao filho. Foi difícil, mas foi também profundamente gratificante. À medida que Linda se tornou mais consistente na sua maneira de criar o filho, também sentiu mais clareza e mais força. Essa compreensão das coisas e essa mudança de comportamento restauraram o equilíbrio no relacionamento entre mãe e filho. Por sua vez, seu filho de fato passou a falar com ela de maneira mais respeitosa, pois era isso o que ela havia pedido a ele.

A resposta automática da Linda:
Negar as próprias emoções para cuidar dos outros.

Paul

Paul chega em casa e grita. Ele reclama que a casa está uma bagunça. Não entende por que o filho está sempre com os fones nos ouvidos ou por que está sempre no quarto com a porta fechada. "Por que está me bloqueando da vida dele? Passo o dia todo no trabalho — queria ficar um tempo com ele e treinar cestas de basquete. Será que é pedir demais? Ele parece nem notar a minha presença." Paul está cada vez mais frustrado e sente que não tem nenhum significado na vida do filho. Essa frustração parece apenas aprofundar o abismo entre o pai e o filho. Qual é a história pessoal de Paul? Por que será que está tão revoltado?

Paul foi criado por uma mãe solteira. Desde que se tornou pai, firmou um compromisso consigo mesmo de que desempenharia um papel importante na vida de seu filho. No entanto, ele admitiu sentir-se impotente e confuso no que se referia à criação do filho. Paul sabia que não estava funcionando a estratégia de dar sermões, aconselhar e pressionar o filho a fazerem atividades juntos. Com relutância, ele admitiu: "Sinceramente, eu não sei nem o que um pai 'deveria' fazer, pois não tive um pai; estou apenas tentando estar ali, presente na vida dele."

Com a consciência daquilo que ele mais queria — um relacionamento de verdade —, Paul disse ao filho: "Na minha cabeça, eu fico dizendo a mim mesmo o quanto você tem sorte por ter um pai que chega em casa todos os dias e que o ama, e fico decepcionado por você não valorizar isso. Mas estou percebendo que isso tem a ver com a minha história, não com a sua. É provável que você pense, 'Puxa, eu tenho um pai furioso'. Então, agora que estou mais consciente do que sinto, quero lhe perguntar o que você gostaria de fazer junto comigo. Será que podemos reservar algum tempo para passarmos juntos toda noite quando eu chegar em casa? Isso significaria muito para mim." A consciência das respostas automáticas de Paul levou a novos resultados e à proximidade com o filho dele.

A resposta automática de Paul:
Projetar a própria raiva e tristeza armazenadas no filho como consequência da falta de um relacionamento com seu próprio pai.

Comunicação coerente

As crianças são, desde o nascimento, especialistas em ler as expressões, os gestos e os sinais de seus pais. O assunto que eles mais estudaram ao longo de suas vidas é *você*. Quando os pais começam a entender seus próprios estados e reações emocionais, e percebem que têm opções, eles podem servir de modelos para os filhos de que eles também têm opções de escolha. Eles podem bater uma porta com força ou podem respirar fundo. Eles podem partir para o ataque ou podem ser assertivos. Podem se fazer de vítimas ou podem fazer com que o filho seja responsável. Os pais podem seguir acumulando pontos negativos em resposta a sentimentos, ou podem ficar com uma emoção negativa e senti-la plenamente até que desapareça e vá embora.

Quando os pais se tornam conscientes dos seus sentimentos, eles passam a ser mais *coerentes*: sua comunicação verbal corresponde à sua comunicação não verbal. Assim, muitos pais dizem que estão "bem", no entanto seus sinais não verbais indicam raiva, ansiedade, tensão ou decepção. Isso é tremendamente confuso para as crianças. Elas estão lendo os sinais não verbais emitidos pelos pais, embora ouçam palavras opostas. O psiquiatra infantil Daniel Siegel escreveu em *Parenting From Inside Out*:[23]

> Se os sinais verbais e não verbais comunicam mensagens diferentes — e, logo, não são coerentes —, a mensagem como um todo será obscura e confusa. Estamos recebendo duas mensagens diferentes e conflitantes ao mesmo tempo. Suponha que uma

---

23 N. T. Título sem tradução em português. Literalmente: *A criação dos filhos de dentro para fora.*

mãe esteja triste, e a filha, percebendo os sinais não verbais, pergunta: "Mamãe, o que foi? Fiz alguma coisa que tenha lhe deixado triste?" E, com um sorriso forçado, a mãe responde: "Ah, não, querida, não estou triste, está tudo super bem." A criança se sentirá confusa por causa da mensagem dupla.

No entanto, quando os pais dizem "Estou me sentindo triste por causa da saúde da vovó", "Estou zangado porque a sua atitude mostrou desrespeito", "Eu fico ansioso quando você briga", ou "Fico triste por não ter tido uma relação com o meu pai", as crianças conseguem se identificar com isso. Quando a comunicação é coerente, ela é simples e faz sentido. Isso traz uma sensação de alívio.

A comunicação coerente também lembra as crianças que os pais não estão sempre "bem" e que não há nenhum problema em não estar sempre "bem". Quando as crianças sentem uma gama de emoções, com sentimentos intensos e fortes misturados, pode ser que sintam que há algo errado com eles caso não vejam toda essa variedade de sentimentos refletidos em seus pais. Os sentimentos são um elemento essencial à experiência humana. A normalização dos sentimentos é uma ótima maneira de minimizar a vergonha sutil que resulta quando uma criança sente que há algo "errado" com ela. Os sentimentos vêm e vão, não precisamos ficar alarmados com eles.

Os pais, no entanto, não precisam ultrapassar os limites em relação aos sentimentos. Por exemplo, uma mãe chateada poderia dizer: "Querida, estou só um pouco triste porque tive um desentendimento com o papai, às vezes os adultos também têm problemas para resolver." Essa mãe não está arrastando a criança para o conflito, está sendo honesta, aberta e coerente. As crianças veem os desentendimentos dos pais quer sejam explosivos, passivo-agressivos ou simplesmente estejam evitando um ao outro. Quando os pais compartilham abertamente, com os limites adequados em seu lugar, os conflitos entre eles não são tão assustadores para as crianças. Uma mãe poderia dizer: "Tenho a sensação de que vamos conseguir resolver tudo, mas neste momento estou me sentindo triste. Como você está se sentindo?" O conflito faz parte dos relacionamentos saudáveis e das famílias saudáveis, então não precisamos nos esforçar tanto para evitá-lo; simplesmente precisamos das ferramentas e das técnicas certas.

Na verdade, penso que o conceito de que os pais são os maiores objetos emocionais das vidas dos filhos é um tanto impressionante (e assustador). Os pais na verdade são extremamente significativos. Ao invés de se sentir impotente na vida do seu filho, perceba que ele observa você todos os dias, se não todas as horas. Os pais podem fazer uma pausa, deixar de reagir e então permanecer com o desconforto e com a ansiedade. Uma vez que nos tornamos conscientes das nossas reações automáticas a partir das nossas histórias pessoais, é muito provável que isso nos leve a restabelecermos mais equilíbrio e equanimidade no ambiente doméstico. Estamos dando o exemplo do processo da confecção de sapatinhos.

A equanimidade é um estado mental estável e tranquilo, que não é perturbado por eventos e emoções. O termo budista para a equanimidade é *upekkha*, que significa "olhar superficialmente" e se refere à capacidade de ver sem ser capturado por aquilo que vemos. Na criação dos filhos, pode-se dizer que a equanimidade se refere a afastar-se da montanha-russa emocional da criança — permanecendo calmo, independentemente do comportamento dela. Receber respostas coerentes e serenas dos pais gera segurança e confiança para os filhos, e lhes permite formar seus próprios pensamentos independentes.

Descobrindo e lidando com a sua resposta automática

Um ponto de partida para todos os pais que querem se tornar mais conscientes de suas respostas emocionais automáticas é um diário de sentimentos. Basta anotar uma ou mais emoções, três vezes ao dia. O objetivo desse exercício não é desabafar, atacar ou se identificar como vítima e culpar os outros. É simplesmente um exercício para identificar e registrar os seus sentimentos. Por exemplo, às 7h45min da manhã pode ser que você se sinta triste, cansado ou preocupado com o dia que está por começar. Esse diário diz respeito apenas a VOCÊ.

Estou me sentindo:	
Manhã:	
Tarde:	
Noite:	

O primeiro objetivo desse exercício é *identificar as emoções*: triste, preocupado, assustado, irritado, esperançoso, orgulhoso, contente etc. Muitos pais que estão enredados, excessivamente envolvidos ou em conflito com os filhos não têm ideia do que estão sentindo — estão focados demais na emoção ou no comportamento do filho (ou de outra pessoa). Quando os pais param e entram em sintonia com as próprias emoções, eles dão um passo gigantesco à frente a fim de gerar mais equilíbrio e consciência na relação entre pais e filhos. Os diários de emoções são ótimos para a alfabetização emocional dentro da família.

O segundo objetivo é *identificar comportamentos*: obter uma compreensão dos seus padrões de comportamento, do modo como você representa as suas emoções subjacentes. Por exemplo, se uma mãe está ansiosa e age com impulso, há uma conexão direta entre a ansiedade e a ação. No entanto, muitos pais não estão nem mesmo conscientes dos seus padrões profundamente arraigados em relação aos filhos. Muitas vezes, essa informação essencial — a autoconsciência — está faltando, o que contribui para que os padrões da relação entre pais e filhos sigam imobilizados. Quando os pais crescem em sua autoconsciência, entendem seus próprios comportamentos em um nível mais profundo.

O terceiro objetivo é *mudar o comportamento*. Uma vez que você esteja consciente do que sente e do que faz, você pode escolher se continua no mesmo padrão ou não. Quando os pais veem claramente o próprio comportamento e não gostam do que veem, esse é um grande motivador para mudar.

> **Identificando comportamentos** O meu comportamento quando eu me sinto triste/irritado/ansioso é _____.
> *Relacione quaisquer comportamentos como distanciar-se, esquivar-se, ficar paralisado, partir para o ataque, esconder-se.*

Mudando o comportamento

Será que eu quero sentir a minha ansiedade espiralar freneticamente, ou posso repousar com o meu desconforto por ao menos um minuto, deixando que ele se acomode? Será que eu quero animar a minha filha e tentar deixá-la feliz, ou posso apenas ouvir e validar a sua tristeza? Será que eu quero erguer um muro para me distanciar e realizar tarefas ou ficar no computador, ou posso me permitir sentir a tensão no meu corpo e respirar fundo algumas vezes? Será que eu quero gritar com as pessoas que eu mais amo ou posso esperar cinco minutos para aliviar a tensão antes de entrar pela porta e dizer alguma coisa? Será que devo elaborar justificativas para o comportamento da minha filha outra vez, ou será que posso estabelecer um limite e dizer a ela que o desrespeito não é uma forma de comunicação aceitável?

O primeiro passo da mudança de comportamento dos pais se refere a simplesmente *não reagir*. Quando os pais não reagem, eles estão rompendo com a resposta automática e habitual. Isso significa fazer uma pausa de toda e qualquer ação: gritar, se isolar, ir para o computador, tentar resolver tudo, e assim por diante. Uma vez, li um artigo sobre educação dos filhos que usava a expressão "amarrar-se a um poste". Às vezes ficamos tão envolvidos em uma situação que simplesmente não conseguimos parar; precisamos nos amarrar a um poste metafórico. Independente do quanto aquele momento possa ser carregado, o fato de fazermos isso nos dá a oportunidade de perguntar: "O que eu estou sentindo agora?"

Quando os pais se permitem alguns instantes para recuperar o fôlego e avaliar a situação com clareza, percebem que não estão presos em uma armadilha. As escolhas geram autonomia, capacitação e autogerenciamento. Esse é exatamente o processo pelo qual queremos que as crianças passem. Queremos que façam novas escolhas. Esse refrear e o fato de você se conter são essenciais para deixar que o seu filho dê um passo à frente.

Essa autoconsciência também pode permitir que os pais façam a conexão com seus históricos pessoais, o modo como foram criados ou os sentimentos não resolvidos da infância. Eles podem reconhecer os próprios obstáculos. Afinal, as nossas reações emocionais vêm de algum lugar. Essa autodescoberta por parte dos pais vale a pena quando sabem dissipar os gatilhos automáticos e se envolver com os filhos a partir de uma posição plena de clareza.

Treinando comportamentos novos

O comportamento novo que eu quero treinar é _____.

Relacione quaisquer métodos como não reagir, interromper-se, respirar fundo, dar uma volta na quadra ou permitir-se sentir as próprias emoções sem reatividade.

AS CRIANÇAS SEGURAM ESPELHOS PARA NÓS

Um dia, quando eu estava em uma correria, tentando me organizar, colocar tudo no carro e sair logo da entrada da nossa casa para chegar aonde precisávamos ir, após cinco minutos andando de carro percebi que havia esquecido alguma coisa e precisava correr de volta para casa. Reclamei em voz alta: "Eu me esforço tanto para ser organizada e simplesmente não consigo." A minha filha mais velha me disse: "Mãe, quando a gente está com pressa, a gente se esquece da gente mesmo." Uau! Ela nunca estudou budismo, mas naquele momento ela foi como um mestre sábio, me oferecendo um conselho perfeito. Ela intuitivamente percebeu que eu havia me esquecido de mim mesma, da minha respiração e da minha autoconsciência. Eu estava reagindo a estímulos de ansiedade e manifestava isso através da minha pressa.

Os nossos filhos percebem os nossos padrões quer queiramos ou não; não podemos nos esconder deles. Precisamos dar atenção e valorizar o feedback que recebemos dos nossos filhos, mesmo que às vezes seja dolorido para nós. É bom quando nossos filhos nos responsabilizam, pois então podemos responsabilizá-los da mesma maneira. Afinal de contas, para que uma família funcione bem, todos os indivíduos precisam responsabilizar uns aos outros. Os nossos filhos nos conhecem física e emocionalmente — então é melhor que continuemos reconhecendo as nossas "sombras", hábitos e padrões automáticos. É muito provável que isso reduza a nossa sensação de estarmos presos em uma emboscada emocional.

Quer você tenha vivenciado alguma dor na sua infância que hoje influencia no modo como educa os seus filhos, ou se você simplesmente é uma mãe ou pai comprometido em deixar tudo "perfeito", é melhor ficar consciente das suas reações automáticas e reconhecê-las. O crescimento emocional dos pais é constante e precisa ser trabalhado e servir como modelo para os filhos. Em seu livro *Nothing is Hidden*,[24] o professor do Zen Barry Magid escreve sobre os perigos

---

24 N. T. Título ainda sem tradução em português. Literalmente, *Nada está*

de "uma devoção doentia aos outros à custa de suas próprias necessidades físicas e emocionais legítimas — uma paródia da compaixão que tenho chamado de *prometer salvar todos os seres menos um*".

Os pais devem discernir se suas reações em relação aos filhos baseiam-se em "resgatar" e resolver problemas ou em profunda empatia e validação. Quando respondemos com equanimidade, quando reconhecemos nossos próprios obstáculos, não temos que nos intrometer nos bons ou nos maus dias dos nossos filhos. Quando ficamos à vontade com a nossa própria dor, não teremos uma reação impulsiva toda vez que os nossos filhos sofrerem algum baque. Não podemos controlar tudo na experiência de vida dos nossos filhos. E, o mais importante, *precisamos parar de remover os obstáculos para eles*.

Tarefas:

1 - Mantenha um diário de sentimentos, observando no mínimo três sentimentos por dia. Mantenha essa prática ao menos por uma semana. Faça isso sabendo que é importante se conhecer antes de tentar entrar em sintonia com o seu filho.

2 - Que padrões você observou?

3 - Você já adquiriu consciência das suas reações comportamentais às suas emoções? Por exemplo, quando está ansioso, você age por impulso a fim de resolver algum problema do seu filho?

4 - Como pai/mãe, quais opções você tem para obter resultados novos com o seu filho? O que você consegue controlar?

escondido.

5 – O que você pode fazer para tornar a sua comunicação verbal e não verbal mais coerentes?

6 – O que você pode fazer para servir como modelo de maturidade emocional para o seu filho de uma forma mais efetiva?

Recursos internos promovidos com essa abordagem

- Motivação interna
- Adaptabilidade
- Autodisciplina
- Gratificação adiada
- Tolerância ao sofrimento
- Regulação emocional

CAPÍTULO 8

A trilha do seu filho

> Olhem para as crianças. É claro que elas podem brigar, mas em geral não guardam os sentimentos ruins no coração por tanto tempo quanto os adultos. A maior parte dos adultos tem sobre as crianças a vantagem da educação, mas qual é a utilidade da educação se eles mostram um sorriso imenso quando lá dentro escondem sentimentos negativos?
>
> — **Sua Santidade, O Dalai Lama,** *Imagine All the People: uma conversa com o Dalai Lama sobre temas polêmicos e atuais.*

A confecção de sapatinhos *apenas* pode acontecer na trilha do seu filho, e não em algum tipo de caminho familiar integrado. A trilha dele está fora do seu domínio. As crianças precisam ter uma sensação de que administram suas próprias vidas. A confecção de sapatinhos acontece quando uma filha tem consciência dos próprios sentimentos e é capaz de repousar com o desconforto. Ou quando um filho é capaz de recorrer às próprias habilidades de resolução de problemas e experiencia os resultados de suas escolhas. Com essas habilidades, as crianças aprendem através da tentativa e do erro a contornar rochas e obstáculos em suas trilhas. No entanto, os pais podem ser guias destacando e validando sentimentos, enquadrando efetivamente e indo até o fim com as consequências, incentivando a resolução de problemas e a regulação emocional. Eles podem ensinar ou sugerir maneiras de contornar pedras e obstáculos, porém não podem fazer isso pelos filhos. Em última análise, as crianças precisam aprender a abrir caminho dentro do seu próprio domínio.

O mais importante de tudo, os pais precisam parar de ser

a equipe de manutenção e apoio da trilha da criança. Precisam parar de retirar os obstáculos de seu percurso e de estender a camada de couro sobre todas as pedras afiadas do caminho. Hoje, muitos assumem a responsabilidade pela trilha da vida de seus filhos, embora isso signifique um trabalho extenuante e insustentável. Não se esqueça da lição do capítulo anterior: os pais já têm os seus próprios obstáculos.

Além disso, os pais simplesmente não podem estar sempre presentes para controlar e antever todos os obstáculos. Os que são demasiado controladores são bruscamente despertados quando descobrem que seus filhos têm vivido uma vida secreta longe deles. Tenho ouvido histórias de muitos pais que pairam em torno dos filhos e pensam estar no controle, mas acabam descobrindo que seus filhos se aventuraram e se afastaram do estofamento de couro que lhes foi estendido. Houve a mãe que achava que o filho não seria capaz nem de ir sozinho até a escola, e ficou surpresa ao descobrir que ele decidiu pegar um ônibus para visitar um amigo em outro estado. Um pai descobriu que sua "filha super madura, cheia de realizações e toda certinha" na verdade vivia uma vida dupla, ocultando o vício em maconha e o comércio de drogas que lhe sustentava este hábito.

Esse papel de gerente da trilha não ajuda o seu filho. A vida do seu filho é responsabilidade dele. Como os pais fazem para se afastar do gerenciamento da trilha e passar para a orientação? Não temos como controlar todas as pedras e obstáculos, mas podemos fazer o máximo para incutir habilidades para a resolução de problemas e recursos internos saudáveis.

Uma habilidade inata para solucionar problemas

Creio que as crianças serão incrivelmente hábeis em contornar obstáculos se tiverem essa oportunidade. Podem não o fazer sempre em casa, mas na terapia na natureza elas fazem. Todos nós nascemos com essas habilidades — foi assim que sobrevivemos por milênios. Mesmo as crianças que apresentam peculiaridades, tendências intensas, temperamentos sensíveis ou déficits de atenção, ainda assim têm habilidades naturais para a solução de problemas. A questão é se vamos ou não deixar que aprimorem e desenvolvam essas habilidades inatas. Gosto de pensar na habilidade para solucionar problemas como um músculo; ele precisa ser usado, fortalecido e refinado. Temos que *pedir* que as crianças resolvam problemas. Fazer isso é um gesto de delegação de poderes e significa que confiamos na sua inteligência.

Em um livro sobre paradigmas para a criação de filhos, vi a foto de uma criança de dezoito meses de idade na Amazônia empunhando um facão, uma vez que essa é a forma como as tribos andam pela floresta densa. Apesar de ser uma imagem chocante, ela representou para mim o quanto pode ser distinta a forma como se solicita a participação das crianças mundo afora em suas famílias e comunidades. Extremamente focados na segurança, nós no ocidente até poderíamos entregar a uma criança de quatro anos uma faca cega de passar manteiga para cortar uma banana ou espalhar manteiga de amendoim no pão — mas um facão? Surge a questão: sob o pretexto da segurança, o quanto evitamos que nossos filhos cresçam, se envolvam e participem da vida familiar? Na África, uma menina de cinco anos pode ajudar a cuidar de bebês, enquanto um menino da mesma idade pode participar de expedições de caça. Por outro lado, muitas crianças ocidentais ainda estão amplamente envolvidas com jogos e entretenimento — e não com a participação nas atividades domésticas — até uma idade muito mais avançada. Esses exemplos de culturas distintas ilustram que as nossas crianças pequenas são capazes de muito mais do que pensamos.

Mesmo que não estejamos prontos para dar tarefas apropriadas aos nossos filhos em idade pré-escolar, ainda assim podemos pedir que juntem seus brinquedos e comecem a resolver problemas. Se há um conflito entre irmãos, podemos perguntar a eles: "Qual é a melhor maneira de resolver isso?" Se uma criança se atrasa toda manhã para sair para a creche, seu pai ou sua mãe podem perguntar: "O que você acha que podemos fazer de diferente?" Podemos até perguntar: "O que precisamos colocar na sua mochila hoje?" Podemos envolvê-los mais plenamente em suas próprias vidas; é incrível a inventividade que brota das crianças quando simplesmente solicitamos a sua participação. Isso leva à delegação de poder e aumenta a autoestima.

Enquanto passava alguns minutos sozinha no quarto, uma mãe ouviu a filha de quatro anos dar a uma boneca uma "consequência" por bater em alguém. Ela ouviu a filha dizer: "Querida, nunca é certo bater em ninguém. Você parece chateada. Pode me dizer o que está sentindo? Você precisa ficar um pouco no seu berço." Essa forma de brincadeira, seguindo um exemplo dado pela mãe ou pelo pai, permite à criança processar e completar as próprias consequências que recebe. Os pais podem até perguntar: "O que acontece se a sua boneca não ouve o que você fala, ou se ela bate em você?" As crianças começam a ligar os pontos. Se não é certo que a boneca bata em alguém, também não é certo que elas batam. Quando deixamos as crianças sentirem e lidarem com limites, elas são bastante imaginativas para resolver os próprios problemas, processar seus sentimentos e superá-los.

Uma menina de sete anos estava enfrentando um conflito diário com um garoto contestador na escola. Ela se desesperava: "Ele sempre diz coisas irritantes e causa problemas." Quando questionada pela professora quanto ao que poderia fazer para ajudá-la com aquela situação, a menina respondeu que não sabia bem. A professora pediu que ela pensasse no assunto. A menina fez experiências todos os dias e descobriu que quando ela o incluía em sua brincadeira ao ar livre durante o intervalo, o garoto se comportava melhor na sala de aula. Ela percebeu que, embora ele pudesse sentir raiva, na verdade queria ter amigos. Quando o obstáculo de uma criança (neste caso, um garoto perturbador) não é simplesmente removido por um adulto, ela pode aprender a conviver com ele e sentirá uma sensação de domínio pessoal. Muitos pais querem que seus filhos tenham um ambiente escolar perfeito, mas os obstáculos com frequência proporcionam lições e aprendizados sociais extraordinários. Em uma sala de aula de uma escola Montessori, há apenas uma unidade de cada material — um mapa em quebra-cabeça de um determinado país, um terço, e assim por diante. Quando há vinte crianças na sala de aula, elas precisam negociar e cooperar diariamente para determinar qual delas utiliza qual material. Embora seja algo potencialmente frustrante, esse sistema cultiva recursos internos como a gratificação adiada, a tolerância à frustração, a autorregulação e a solução de problemas.

Um garoto de doze anos se sentiu rejeitado por um amigo que não o convidou para a sua festa. Estava muito triste, e a sua mãe validou seu sentimento: "É desagradável não ser incluído." Em seguida perguntou: "Como você gostaria de resolver esse problema?" Depois de pensar um pouco, o garoto realmente chegou a um plano elaborado com o qual ficara animado. Decidiu que, em vez de ir à festa, ele queria trabalhar na casa da árvore que estava construindo, e que, se ele sentisse vontade, convidaria aquele amigo para ir até lá quando tudo estivesse pronto. As crianças conseguem processar os próprios sentimentos e resolver os próprios problemas se deixarmos que os obstáculos permaneçam na sua trilha.

Uma menina de dezesseis anos queria muito ir a um show que aconteceria em outro estado. Viu que os pais não a deixariam ir e ficou deprimida. Os pais perguntaram a ela o que poderia fazer para resolver a sua situação. No início, ela disse "nada" e ficou cada vez mais dramática. O seu pai falou: "Bem, se você estiver interessada em resolver o problema, estamos interessados em ouvir o que tem a dizer." Ela foi para o computador e viu que visitaria os avós na Flórida com a família em março, e que sua banda preferida tocaria a apenas trinta minutos de onde iria estar. Perguntou aos pais se aquele show seria uma possibilidade e eles disseram que sim.

As crianças se sentem investidas de poder e no comando de suas vidas se as deixarmos resolverem seus próprios problemas.

Quando permitimos que o obstáculo permaneça na trilha da nossa filha, ou que o problema se mantenha diante do nosso filho, eles processam as emoções de maneiras mais fluidas em vez de ficarem paralisados e em busca de uma maneira de fugir, ou buscando ajuda para que nós resolvamos tudo. Muitas crianças que seguem o caminho das drogas ou do crime na verdade utilizam sua inteligência e habilidade para burlar as regras. Como fazer para que as crianças utilizem essa inteligência natural em busca de objetivos saudáveis? Temos que pedir que eles sejam solucionadores de problemas. Temos que abandonar o controle e atraí-los para o desconhecido. Lembro quando a minha filha mais nova queria tirar a louça da máquina de lavar. No início fiquei relutante, pois não sabia onde iria colocar tudo, porém ela empilhou as tigelas em uma gaveta do armário e, na verdade, guardou tudo encaixado de uma forma que eu nunca conseguira antes. Ela solucionou o problema melhor do que eu.

Temos que valorizar e defender a participação da família se quisermos que as crianças se envolvam na vida doméstica. Um problema é que há muitos pais na classe média — bem-sucedidos em suas carreiras — que são solucionadores de problemas habilidosos. As configurações-padrão de muitos desses pais se referem exatamente à busca intensa de soluções. Muitos me disseram que no cotidiano de suas profissões eles estão sempre resolvendo problemas, gerenciando pessoas (equipes de funcionários) e antevendo ou gerenciando riscos. Quando chegam em casa, aplicam as mesmas habilidades com os filhos. Mas é necessário que deixem de responder a esse impulso. As crianças não vão ficar paralisadas quando deixarmos um problema nas suas mãos; elas vão aprender a permanecer com o conflito e com o desconforto, e vão aprender a se autogerenciar e a se autorregular. Esse processo gera a oportunidade de aumentar a confiança, a autoestima e o domínio sobre si mesmo. Estamos, assim, transmitindo um nível de confiança em suas habilidades. Não temos que ser pais 200% do tempo.

Profissionais de fora — novas orientações

Às vezes as crianças precisam de mais orientação do que aquilo que um pai ou uma mãe pode oferecer. Às vezes precisam de ajuda profissional: especialistas em aprendizagem, terapeutas, conselheiros, tutores, e assim por diante. Infelizmente, com muita frequência, quando os pais envolvem algum tipo de profissional, eles também começam a assumir o controle daquilo que faz parte do domínio da criança. Pela minha experiência, quando os filhos enfrentam problemas de aprendizagem, emocionais ou de comportamento, os pais se envolvem ainda mais no processo de estender o couro para protegê-los. Obviamente isso resulta de um desejo natural de ajudar e proteger, mas que apenas impede o desenvolvimento dos recursos internos da criança. Essas são as crianças que mais precisam de sapatinhos. Na verdade, os sapatinhos permitem que as crianças utilizem mais o que quer que esteja presente em suas vidas — seja um professor, um terapeuta ou um treinador.

Minha vizinha é professora de educação especial e especialista em leitura. Ela revelou: "Era como noite e dia quando eu tinha algum aluno que chegava em busca de ajuda e que era autodirigido e envolvido, e outro que não era. Algumas crianças sabiam que precisavam de ajuda com a leitura — elas entravam e se sentavam, e começávamos a trabalhar direto. Outras nem se sentavam diante da escrivaninha. Durante todo o nosso tempo juntos acontecia uma espécie de jogo de negociação, com a criança me testando. Eu tinha que focar nas regras básicas e muito do nosso tempo era gasto em gerenciamento comportamental, sendo que apenas 5% do tempo ficava para a leitura."

Ela me contou outra história reveladora: "Uma vez, em uma conferência de pais e professores, eu estava conversando com uma mãe sobre os problemas do seu filho com a matemática, e ela falou de imediato: 'Eu sou péssima nessa matéria.' Mas eu me referia ao filho dela." Minha vizinha percebeu que, enquanto os pais virem os filhos através das lentes projetadas deles mesmos, nunca farão com que as crianças tenham responsabilidades nem verão os filhos como um indivíduo à parte. Essa história é realmente uma descrição muito inteligente do emaranhado entre pais e filhos. Não fica claro quem está em discussão — os pais ou os filhos? Esse emaranhado complica o processo de pedir que um filho vá até o fim em seu próprio processo de aprendizado e em sua educação escolar.

Alguns pais recorrem a dezenas e dezenas de profissionais — e obtêm poucos resultados. Quando uma criança espera ser resgatada e que os outros removam os obstáculos e amorteçam as quedas, nem os melhores especialistas serão capazes de ajudar. Enquanto as crianças sentirem que mudar suas vidas depende de outras pessoas, nunca irão colher os benefícios de uma ajuda profissional.

Dominar os próprios obstáculos

Tentar resolver os problemas dos nossos filhos é um desperdício de energia porque esses problemas recaem sobre o domínio das crianças. Por isso, são responsabilidade delas, não nossas. Em seu livro *O carrasco do amor*,[25] o professor e psicoterapeuta Irvin D. Yalom escreve: "O primeiro passo de toda a mudança terapêutica é a suposição da responsabilidade. Se uma pessoa não se sente de forma alguma responsável pela situação desagradável em que ela mesma se encontra, então como poderá mudá-la?" Muitas crianças hoje exteriorizam seus problemas e evitam a responsabilidade em suas vidas, entregando convenientemente a responsabilidade aos pais. Essa falta de uma suposição de responsabilidade está associada a sentimentos de desamparo, impotência, depressão e desespero.

No entanto, essa é também uma ideia interessante, pois uma vez que as crianças dominarem seus problemas, elas estarão de fato liberadas para mudar tudo e qualquer coisa que quiserem — porque o poder está dentro delas. Uso com frequência o exemplo

---

25 N. T. Título original, *Love's executioner*.

do diabetes. Se uma criança tem diabetes, em algum momento precisa assumir a responsabilidade de monitorar seu consumo de açúcar e seus níveis de insulina a fim de permanecer viva. Os pais podem supervisionar uma criança pequena, mas para uma criança em idade escolar é essencial começar esse processo de autorregulação. Ninguém pode resgatar alguém de uma enfermidade como o diabetes. O filho deverá dominar a arte do autocuidado, pois as consequências são graves. Com domínio e autocuidado, mesmo com diabetes uma criança pode ter uma vida produtiva e a capacidade de ir atrás de seus interesses e inclinações.

E se olhássemos para o Transtorno do Déficit de Atenção com Hiperatividade (TDAH), o transtorno bipolar ou a ansiedade — em níveis clínicos e subclínicos — da mesma forma como olhamos para o diabetes? Com tratamento médico, habilidades de autorregulação e recursos internos, essas questões não precisam impedir os sonhos de vida de um indivíduo. Infelizmente, uma vez que não existe uma ameaça imediata caso as crianças diminuam ou fujam da responsabilidade por seus humores, muitas não assumem essas questões com propriedade e esperam que os outros se adaptem a elas. Muitas pessoas com problemas de saúde mental ou problemas emocionais se sentem como se fossem vítimas, e o resultado disso é que se sentem paralisadas e impotentes. Mas, apesar de tudo, elas ainda têm escolhas.

Temple Grandin

Recentemente me apaixonei pelo filme *Temple Grandin*, que retrata a vida de uma mulher com autismo — é uma história inspiradora de uma mulher que assume a responsabilidade pelo maior obstáculo de sua vida e aparentemente consegue o impossível. De acordo com o filme, sua mãe nunca tentou facilitar a vida para ela. Continuou atribuindo à filha todas as tarefas e marcos de desenvolvimento que as crianças de sua idade enfrentavam. A mãe pareceu saber que o objetivo não era remover os obstáculos da vida da filha. O objetivo para Temple era aprender a dominar seu próprio obstáculo: o autismo.

Apesar do conhecimento limitado que a mãe, Eustacia, devia ter a respeito do autismo em 1950, quando Temple foi diagnosticada, ela sabia que a filha precisava aprender as mesmas habilidades que qualquer outra criança — seria apenas mais difícil. Em vez de mandar a filha para uma instituição (o que normalmente acontecia naquela época), ela a manteve no curso normal da vida — aprendendo a falar, dominando as regras e os costumes, concluindo o ensino médio e a faculdade, e buscando o seu potencial. Ao longo do seu caminho, Temple aprendeu as habilidades de enfrentamento necessárias para ir de uma fase a outra de sua vida.

Em uma das primeiras cenas do filme, Temple revela sua habilidade aprendida de cumprimentar outras pessoas: "Oi, meu nome é Temple Grandin. É um prazer conhecer você." Repetia esse cumprimento inúmeras vezes porque era uma habilidade essencial para alguém que tivesse ansiedade social, uma incapacidade para ler as sutilezas e para tolerar sons em volume alto. Pode parecer pouco, mas a simples habilidade social de "cumprimentar" outras pessoas abriu portas para ela. Muitos pais podem falar pelo filho com dificuldades de desenvolvimento, mas Temple aprendeu a falar por si mesma.

Após o ensino médio, Temple foi morar na fazenda de sua tia, na Califórnia. Lá, percebeu que conseguia se relacionar e entender as vacas de uma forma que as pessoas "neurotípicas" não conseguiam. Ela observou que as vacas aflitas relaxavam quando eram espremidas contra uma grade de metal que era utilizada para manter as vacas imóveis durante a inoculação. Ela podia ver e sentir os músculos das vacas relaxando e seus corpos ficando mais calmos. Um dia, pouco depois disso, Temple começou a ter um de seus acessos de raiva. No entanto, mesmo enquanto corria aos gritos, ela estava resolvendo aquele problema. Temple foi diretamente para a grade de metal e empurrou o corpo contra as paredes para que ficasse espremida, exatamente como acontecia com as vacas. Com isso, relaxou. Ela logo inventou a sua própria "máquina de ficar espremida" para ajudá-la a regular suas emoções. Temple assumiu a responsabilidade pela sua deficiência e, embora não fosse fácil, esforçava-se muito para mitigar os próprios obstáculos.

Ao longo da faculdade e de toda a vida de Temple, sempre existiram muitos obstáculos pelo caminho, mas ela continuou usando a inteligência para resolver seus problemas. Começou a falar abertamente sobre o autismo para explicar como via o mundo de uma forma diferente para ajudar as pessoas "neurotípicas" a entenderem-na. Conseguiu o diploma de graduação, de mestrado e, posteriormente, de doutorado. Tornou-se professora e uma inovadora no planejamento de fazendas de gado – pode-se deduzir que ela realizou o seu potencial.

Em um momento comovente no final do filme, Temple participou de uma das primeiras conferências sobre o autismo. Quando se levantou e começou a falar, inicialmente as pessoas imaginaram que fosse mãe de um autista. Quando Temple as corrigiu, muitas pessoas na plateia perguntaram como havia conseguido se tornar uma pessoa tão bem-sucedida. Ela respondeu: "Bem, foi a minha mãe. Ela me ensinou boas maneiras e regras sociais e me mandava para a escola mesmo se eu não quisesse ir." Temple é uma pessoa que sempre conviveu com uma deficiência, mas anda pela vida com um par de sapatinhos resistente e é uma fonte de inspiração.

Pedir que as crianças lutem, que façam algo difícil, mesmo quando elas mesmas têm alguma sensibilidade emocional ou alguma deficiência, permite que continuem se desenvolvendo, seguindo em frente e amadurecendo na vida. Agir assim também envia a elas a mensagem de que são capazes, de que conseguem. Os pais não podem ignorar essas etapas tentando afastar os obstáculos, eliminar os conflitos e resgatar as crianças. Elas precisam desenvolver seus próprios recursos internos, ter seus próprios problemas e se tornar envolvidas de fato em suas próprias vidas. A Temple é um exemplo real de alguém que fez exatamente isso.

Soko Morinaga Roshi, em sua autobiografia intitulada *Novice to Master*,[26] conta a história de um monge chamado Ken que foi enviado por seu mestre a uma longa viagem:

> O monge mais jovem de repente começou a chorar. "Tenho praticado por muitos anos e ainda não consegui atingir coisa alguma. Agora, aqui estou perambulando pelo país nessa viagem. Nunca vou conseguir atingir a iluminação dessa maneira", lamentou Ken.
>
> Ao ouvir isso, Genjoza, colocando toda a força em suas palavras, colocou-se à disposição do jovem monge: "Vou cuidar de tudo o que eu puder para você nessa viagem", disse. "Mas há apenas cinco coisas que não posso fazer em seu lugar. Não posso usar roupas por você. Não posso comer por você. Não posso defecar por você. Não posso urinar por você. E não posso carregar o seu corpo por aí, nem viver a sua vida por você."
>
> Diz-se que, ao ouvir essas palavras, de repente o monge Ken despertou de seu sonho de delusão e atingiu a grande iluminação.

Quando deixamos o obstáculo do nosso filho no seu caminho, deixamos que o problema fique no colo dele — tornamos assim os nossos filhos responsáveis e confiamos em sua inteligência e em sua capacidade natural para resolver problemas. Estamos removendo a camada de couro e pedindo que construam seus próprios sapatinhos, sua própria proteção.

---

26 N. T. Título sem tradução em português. Literalmente, *De noviço a mestre*.

Recursos internos promovidos com essa abordagem:

- Solução de problemas
- Adaptabilidade
- Motivação interna
- Gratificação adiada
- Autodisciplina
- Regulação emocional
- Tolerância ao sofrimento

CAPÍTULO 9

Habilidade: classificar os obstáculos

> Tentar abrandar tudo para evitar o confronto, para não balançar o barco, não é o que se quer dizer com compaixão e paciência. Isso é o que se entende por controle. Nesse caso, você não tentará entrar em um território desconhecido para se perceber mais exposto, com menos proteção e, portanto, mais em contato com a realidade.
>
> — **Pema Chodron,** *Comece onde você está*[27]

Isabel e Julia

Isabel, de dezesseis anos, enviava mensagens de texto para a mãe, Julia, quase de hora em hora enquanto estava na escola no ensino médio. Eram amigas no Facebook. Faziam compras juntas, fofocavam sobre celebridades e assistiam a programas de TV juntas. Julia contou que, enquanto Isabel crescia, sempre queria estar com ela, mesmo que estivessem apenas dando voltas na rua juntas. Embora não gostasse do termo, Isabel era a "melhor amiga" da mãe dela, no sentido de que ela era a pessoa com quem mais conversava. Julia, embora um pouco hesitante em admitir, se sentia recompensada em seu relacionamento com a filha e ficava até mesmo um pouco presunçosa quando ouvia falar sobre o estresse que acontecia em outros relacionamentos entre mães e filhas.

Owen, o marido de Julia, estava igualmente impressionado com a filha e contente com a proximidade que tinham na família. Comentou: "Não sei o que vamos fazer quando ela for para a faculdade. Com quem vamos conversar todos os dias? Isabel até disse

---

27 N. T. No original, *Start Where You Are.*

ontem em uma consulta médica que ela nunca fará um check-up sem a mãe. Ela só se sente à vontade quando a mãe está ao seu lado. É tão difícil investir tanto em uma filha a quem amamos tanto, que nos traz tanta alegria, que faz parte das nossas vidas plenamente, e que um dia vai sair de casa e nos deixar."

Dois anos mais tarde, essa família levou a filha de carro até a faculdade, instalou-a em seu novo quarto no dormitório, desfez suas malas de roupas novas compradas e, em seguida, ficou olhando para um novo vácuo. Então, sem nenhuma discussão prévia, essa família estabeleceu uma nova rotina assustadoramente semelhante à antiga. Eles ainda assim ficavam em contato com a filha — não apenas uma vez por dia, mas diversas vezes. O pai ligava para ela pela manhã enquanto ia para o trabalho para acordá-la, saber de sua agenda para o dia e perguntar se fizera as lições (ele tinha uma cópia de seu horário de aulas e dos programas do curso). A mãe ficava em contato durante todo o dia — enviando mensagens de texto para dar "Oi", ligando e até mesmo falando pelo Facebook com os novos amigos da filha. Eles conversavam por e-mail sobre os trabalhos do curso; seus pais revisavam as suas tarefas, como faziam desde o ensino fundamental. Por fim, Isabel falava com a mãe ao telefone à noite para contar como fora o seu dia, sobre os amigos, as festas e quaisquer outros detalhes. A mãe e o pai logo começaram a procurar imóveis na região da faculdade — que ficava em um belo ambiente campestre – de maneira que fosse mais fácil para Isabel ir para casa e relaxar com os amigos nos fins de semana.

Às vezes, a filha reclamava: "Eles sabem que estou em aula, por que ficam me enviando mensagens de texto?" Mas ainda assim reforçava esse padrão de relacionamento ao entrar em contato com eles com a mesma frequência.

No entanto, quando Julia e Owen buscaram Isabel para levá-la para jantar, perceberam que havia algo estranho. Ela estava mal-humorada. Perdera um pouco do seu brilho. Parecia frágil e nervosa. Isabel admitiu estar se debatendo com a carga de trabalhos acadêmicos. Também estava claro que não havia de fato feito amizades ou mesmo estabelecido uma conexão verdadeira com sua colega de quarto — uma vez que estava sempre ao telefone com os pais ou com amigos do ensino médio. Isabel se questionava se sabia como fazer novos amigos. Sentia falta de casa, dizia, e ali mesmo no meio do restaurante, enfiou a cabeça entre os braços cruzados e chorou. Soluçou. Implorou: ela poderia por favor voltar para casa? Chegou a apresentar um plano para voltar a morar em casa e estudar em uma faculdade de menor prestígio.

Os pais ficaram horrorizados. E, pela primeira vez em suas vidas, ficaram totalmente sem palavras. Deviam deixá-la voltar para casa? Sentiam sua falta. Deviam dizer que logo ela ficaria bem? Não tinham certeza que isso aconteceria de fato. Odiavam vê-la triste e ficaram totalmente estupefatos. Como poderiam resolver aquilo?

Depois de Julia e Owen permanecerem por mais um dia e Isabel passar uma noite com eles no hotel, os pais conseguiram evitar temporariamente a tomada da decisão ao pedirem que Isabel concluísse o primeiro trimestre. Prometeram que quando ela fosse para casa para as férias de outono teriam uma conversa mais aprofundada sobre a situação. Pela primeira vez, Julia tinha sérias preocupações com a filha e, além disso, com seu relacionamento de mãe e filha. Começou a se perguntar se elas eram "próximas demais". Sentiu-se paralisada.

Julia refletiu sobre conflitos passados que tivera com Isabel. Às vezes, quando havia alguma coisa errada, Isabel falava com ela de uma maneira insolente, com um tom ríspido, e em geral ela reagia na defensiva, mas em seguida, rapidamente, tentava confortá-la. Isso normalmente levava a uma conciliação rápida, pois ambas se sentiam desconfortáveis com o conflito. Mas agora um conflito inevitável se apresentava diante de Julia. É claro que queria a filha de volta em casa e que sentia a sua falta, mas não queria que estudasse em uma faculdade de menor prestígio. O plano não era esse. Encontrou rapidamente um terapeuta para ajudá-la a ter alguma ideia ou mais perspectiva, pois sabia que não estava só; muitas famílias passam por transições complicadas quando os filhos vão para a faculdade.

Tarefa: escrita livre para o seu diário

Qual é a sua reação emocional a essa relação entre os pais e a filha?

Você consegue imaginar o histórico emocional dessa mãe e desse pai?

1) Quais são os obstáculos e pedras no caminho de Isabel?
2) Como essa família pode percorrer esse terreno?
3) Você vê nessa história algum reflexo que faça com que você se lembre da sua maneira de criar os seus filhos?

William e Chuck

Uma habilidade importante que muitas famílias precisam desenvolver é classificar os sentimentos, pensamentos e comportamentos que pertencem a cada membro da família. Quando os pais assumem os problemas dos filhos, e quando os filhos assumem os problemas dos pais, todos ficam imobilizados. Essa classificação só pode ocorrer através do reconhecimento e da responsabilização. Quando os pais reconhecem a sua parte, seus sentimentos, seus medos, em seguida o filho consegue identificar aquilo que lhe pertence. O que torna esse processo tão eficaz é o fato de evitar culpas e conflitos de poder, e permitir que os membros da família se tornem autoconscientes e responsáveis. Esse processo é uma maneira útil e segura de lidar com o conflito e permitir que a família avance em uma direção saudável. É semelhante ao conceito introduzido no capítulo anterior — limpar o seu lado da rua.

William, de doze anos, e seu pai passaram o dia fora juntos e foram de bicicleta até a piscina para dar um mergulho. Chuck, agradecido por ter um dia de folga do trabalho exaustivo, estava animado por estar com o filho. Subiram nas bicicletas, mas imediatamente William começou a fazer um monte de exibicionismos: buscando lugares para saltar, acelerando e derrapando os pneus, tirando as mãos do guidão e fazendo caretas engraçadas. Chuck sentiu um calor subir por seu pescoço e seu rosto e aconselhou o filho a ir devagar, embora quisesse evitar um conflito. William, no entanto, achou que estava sendo engraçado. O pai, em geral, gostava de brincadeiras mais bruscas.

William competia com o pai até cada esquina e então começou a correr quando a piscina estava à vista dos dois. Chuck sentiu-se cada vez mais irritado. Enquanto trancavam as bicicletas, pediu outra vez ao filho para se acalmar um pouco. Com o calor da pedalada, ambos pularam na piscina para se refrescar.

Sentindo-se um pouco nervoso e estranho, uma vez que não costumava passar muito tempo com o pai, William começou a chapinhar na piscina. Ficou jogando água no rosto do pai e rindo. Chuck pediu algumas vezes que o filho parasse, mas William continuou chapinhando. Por fim, Chuck teve uma explosão de raiva e gritou com o filho: "Pare com isso agora! Vamos embora daqui." William saiu da piscina chorando e ligou para a mãe dizendo que nunca mais queria fazer nada junto com o pai.

Ao processar esse evento na terapia, tentamos esmiuçar o que aconteceu. Chuck conseguiu identificar que sabe que o filho é impulsivo e, às vezes, instável – esse é o padrão de William. No entanto, quando o filho jogou água nele, Chuck levou para o lado pessoal. Ele admitiu: "Esse é um dos meus problemas; quando as pessoas fazem alguma coisa para mim, pressuponho que é de propósito e pessoal, e isso funciona como um gatilho." Chuck também admitiu que estava realmente animado por passar um tempo com William e que ficou irritado quando percebeu que o passeio não estava indo bem. Sentiu que o filho "testara seus limites". Quando lhe foi solicitado que se apropriasse do que era seu, Chuck admitiu que tinha expectativas para o passeio. Estava encarando o comportamento de William como algo pessoal e evitou ter qualquer conflito até que fosse tarde demais, e então explodiu.

William disse que estava tentando rir e se divertir. Depois abaixou a cabeça e disse que estava arrependido e que devia ter parado. Confessou que às vezes não ficava à vontade na presença do pai.

Nesse cenário, a família realmente faz um imenso progresso na comunicação, pois cada um está identificando a sua parte — ambos se afastam da culpa e compartilham a própria experiência. O pai afirmou: "Vou me esforçar para lhe dar um retorno, estabelecer limites e não encarar o seu comportamento como algo pessoal. Se estiver chateado comigo por alguma coisa, espero que venha me falar." William então respondeu: "Obrigado, pai, vou tentar ouvir mais quando você me pedir para parar."

Habilidade: Vamos tentar aplicar as técnicas de educação descritas neste livro a essa situação. O que o pai poderia fazer de diferente?

1) Quando William estava andando de bicicleta de forma negligente, Chuck poderia ter pedido que ele parasse e ter imediatamente se harmonizado com o filho outra vez. "Opa, estou vendo que você está ficando maluco nessa bicicleta. Dá para me dizer o que está acontecendo?"

2) Chuck poderia ter estabelecido um limite. "Ok, William, quero que saiba que podemos ir para casa ou podemos ir de bicicleta até a piscina. Se você começar a andar sem cuidado outra vez, teremos que voltar. Certo?"

3) O pai poderia ter se harmonizado com o filho de outra forma: "Opa, eu também gosto de brincar, mas não me parece seguro fazer isso na calçada, perto dos carros, das ruas e onde as pessoas circulam. Se você quiser, da próxima vez podemos ir até um lugar com terra, mais apropriado para andar e fazer manobras com a bicicleta."

Um garoto de doze anos pode não saber exatamente o que está sentindo ou por que está tão inquieto e nervoso. Os pais não podem mudar isso, nem podem alterar os estados internos da criança, mas podem entrar em sintonia com os filhos e tentar contê-los ao estabelecer limites. Quando os pais se harmonizam e espelham o que veem, as crianças em geral se sentem vistas e ouvidas em algum nível, o que os ajuda a aprender a mudar e a se autorregular.

Isabel e Julia

Vamos aplicar esses mesmos conceitos para esmiuçar os obstáculos na relação entre mãe e filha discutida anteriormente. Julia, a mãe, desenvolveu uma nova autoconsciência ao conversar com um terapeuta. Ela poderia começar utilizando o formato "eu sinto":

> **Julia:** "Sabe, Isabel, eu me sinto triste, chateada e preocupada desde que soube que você queria desistir da faculdade e voltar para casa. Me sinto assim porque acho que você pode estar dependente demais de nós, e provavelmente eu estou dependente demais de você. Não é justo que volte para casa e cuide de nós, nem nós precisamos continuar cuidando de você. Começamos a faculdade com o pé errado — nos falando demais todos os dias. Nós a amamos tanto, mas não queremos impedi-la de viver a sua vida e ir em busca dos seus sonhos. Acho que eu ligo com muita frequência para você. Talvez sejamos próximas demais."
> **Isabel:** "Bem, eu quero que você me ligue, mãe — você me ajuda a lidar com as coisas."
> **Julia:** "Podemos nos falar, mas quem sabe se fosse uma vez por dia?"
> **Isabel:** "Vai ser difícil. Sinto raiva por não poder simplesmente vir para casa."
> **Julia:** "Obrigada por me dizer como você se sente. Não há problema em sentir raiva. É algo natural. Tenho sido muito

dependente de você. Mas quero que tente outra vez a faculdade. Conheço você e acredito que vai dar tudo certo. Seu pai e eu confiamos que você consegue. Não é fácil para os filhos sair de casa e ir para a faculdade, mas também sei que você é muito inteligente e criativa. Há alguma maneira de resolver o seu dilema?"

Isabel: "Vou pensar a respeito."

Julia: "Tudo bem. Vai ficar tudo bem com a gente, estou vendo uns trabalhos novos e o seu pai está começando a jogar tênis. Vamos nos esforçar para resolver as coisas do nosso lado, e deixaremos que você esteja no comando sobre como quer resolver as coisas pelo seu lado."

Isabel: "Obrigada, mãe."

Julia: "Há mais alguma coisa sobre a qual você queira falar?"

Isabel: "Não tenho certeza, mas acho que vou ter mais tempo para me concentrar na escola se só nos falarmos uma vez por dia. Na verdade, eu realmente gosto da minha aula de inglês, mas me sinto sozinha e triste em grande parte do tempo — nunca me senti assim em casa."

Julia: "Às vezes eu também me sinto só e triste. São sentimentos normais e fazem parte dessa mudança. Você está crescendo."

Isabel: "Eu sei."

Julia: "Além disso, vou pedir que você vá ao centro acadêmico para conseguir ajuda com a revisão dos seus trabalhos. Seu pai e eu adoraríamos ler o que você escreve, mas só depois que você tiver uma oportunidade de obter ajuda na própria faculdade. Não podemos mais ser os seus revisores."

Isabel: "Isso é realmente chato, mãe."

Julia: "Eu sei."

Nessa mudança, Julia assumiu os seus sentimentos, sua dependência e seu envolvimento excessivo com a filha. Também estabeleceu alguns limites: voltar para a faculdade, um contato por dia, usar o centro acadêmico. Deixou que o problema da faculdade permanecesse sobre os ombros da filha. Não tentou "resolver" a situação ou facilitar as coisas para Isabel. Em vez disso, validou que não há nenhum problema em ser difícil e incentivou a filha a resolver os seus problemas. Não a resgatou.

Embora não estivesse consciente do seu papel, Isabel de fato admitiu os sentimentos de solidão e tristeza que nunca sentira em casa. Mas, sobretudo, parecia confusa. Uma vez que não tinha certeza do que queria, pareceu disposta a fazer outra tentativa na faculdade.

Os pais precisam dar espaço aos filhos para que eles possam passar pelo processo natural de separação e individuação que faz parte do desenvolvimento da identidade. As crianças se tornam mais esclarecidas com suas identidades quando os pais permitem que lutem com seus próprios problemas. A adversidade faz parte da vida de cada pessoa e existe por alguma razão; as crianças desenvolvem autoestima e confiança quando resolvem problemas por conta própria.

Deve-se observar que ambas as histórias que ilustram este capítulo tiveram resultados positivos porque os pais tomaram a iniciativa quando se tratou de reivindicar a responsabilidade. Como pais, com frequência destacamos os comportamentos dos nossos filhos, mas quando modelamos responsabilidade e assumimos os nossos obstáculos, é muito provável que nossos filhos se sintam menos envergonhados e mais dispostos a enxergar a parte que lhes cabe nos conflitos. Assumir a responsabilidade faz parte do processo de amadurecimento e da confecção de sapatinhos. É muito mais fácil destacar os problemas dos outros. Quando não reconhecemos a parte que nos cabe, é improvável que as crianças se responsabilizem efetivamente pela sua parte.

Lembre-se: a única coisa que podemos controlar é o solo fértil de casa, onde podemos modelar hábitos saudáveis, como o de assumir responsabilidades. Não podemos controlar o que está lá fora no mundo, fora dos limites do couro. Não podemos fazer com que nossos filhos sejam emocionalmente maduros e autoconscientes — mas podemos demonstrar essas qualidades.

É claro que eu mesma, como mãe, preciso trabalhar com todos esses conceitos o tempo todo, porque as minhas filhas me dão oportunidades diárias para praticar. Outro dia, por exemplo, quando busquei a minha filha na pré-escola, não havia colocado o seu almoço na mochila, como às vezes faço, porque iríamos almoçar em casa. Já cansada e com fome, ela começou a reclamar e a chorar. Então disse a ela que eu precisava resolver umas coisas no caminho para casa, pois aquele era o único horário que eu tinha livre, o que acrescentaria uns dez minutos ao nosso percurso. Como você pode imaginar, ela continuou a berrar com o que pareceu ser uma explosão emocional de corpo inteiro. Uma imensa variedade de pensamentos e sentimentos se passaram por mim: tensão e irritação com os gritos dela, tristeza por ela estar com fome, ansiedade em fazê-la parar de chorar e chegar logo em casa.

Então eu lembrei que ela ainda tem quatro anos e que é normal que sinta emoções fortes, em especial quando as coisas não saem como ela quer. É justo que se sinta triste, então vou deixar que chore o quanto quiser. Fiz alguns comentários como "Sei o quanto você está chateada e desapontada". Eu me senti tentada a não fazer o que precisava antes de ir para casa, mas sabia que ainda assim ela não ficaria feliz, e era algo que eu realmente precisava fazer naquele dia. Então ela começou a gritar comigo. Senti aquela vontade de gritar com ela também por causa da maneira como continuava agindo, mas fiz uma pausa e falei gentilmente: "Tudo bem que você esteja triste, querida, mas não pode gritar comigo." Ela parou. Depois que fiz o que precisava e voltei para o carro, ela ficou quieta. Fiz algumas perguntas sobre como tinha sido o seu dia na escola e compartilhei uma história rápida sobre como tinha sido o meu. Ela então começou a cantarolar e a brincar com uns adesivos. No momento em que chegamos em casa, ela havia esquecido de todo aquele desapontamento e quis fazer o almoço junto comigo. Não toquei em seu conflito de tristeza e decepção, apenas reconheci o problema e ela o superou.

PARTE IV

DUAS TRILHAS, LADO A LADO

CAPÍTULO 10

Novos caminhos

> Um bom professor não quer nada além de ver você andar com os próprios pés.
> — **Ezra Bayda com Josh Bartok,** *Saying Yes to Life (Even the Hard Parts)*[28]

Muitas vezes os pais temem que, se deixarem de resgatar o filho, perderão sua conexão com ele. Embora possam compreender sua preocupação e presença constantes em torno do filho como algo problemático, pelo menos essa é uma maneira confortável, conhecida e confiável de se relacionar com o filho. Analisar e alterar esses padrões é assustador. Os pais se perguntam o que *devem* fazer — não se importar? Não devem ajudar e resolver as coisas? Para muitos, isso atinge instintos primitivos ligados ao que significa criar os filhos, ao que significa ser pai ou mãe.

Na verdade, essa noção vai ainda além da criação dos filhos. O fato de os pais se absterem de ajudar e de resolver tudo pode provocar uma sensação essencial de solidão, ou mesmo uma ansiedade existencial. Quando afastamos os nossos filhos, ficamos apenas conosco mesmos. Muitos de nós gostam de se manter ocupados e distraídos com os problemas dos nossos filhos ou simplesmente organizando e administrando as suas vidas. Com essas atividades, ficamos com a sensação de termos um propósito. Queremos nos sentir úteis. Por isso seguimos labutando, dirigindo e direcionando, em uma tentativa de manter como pano de fundo a ansiedade que espreita. Há muitas palavras para definir essa ansiedade: vácuo, o vazio; o budismo chama de

---

28 N. T. Título original em inglês. Uma tradução literal: *Dizendo sim à vida (mesmo às partes difíceis).*

dukkha; o psicoterapeuta existencial Irvin D. Yalom chama de "dor existencial".

A dor existencial se refere ao propósito e ao significado — isto é, ao medo de não ter um propósito e um significado, de ter consciência de que nossas vidas são, em última análise, finitas. Grande parte da cultura ocidental diz respeito a preencher a dor com coisas, escapar do vazio com medicamentos ou outras substâncias, nos distrairmos do nosso vazio com telas e aparelhos eletrônicos intermináveis, ou combatendo *dukkha* com realizações e acumulação de coisas. Alguns vão para a terapia a fim de chegar à raiz da sua dor, para tentar descobrir alguma lembrança ou algum *insight* sobre sua infância. Algumas pessoas se dedicam à religião. Todos nós fazemos tudo o que podemos para erradicar essa dor existencial, ou para ao menos nos mantermos ocupados e flutuando sobre a de forma a não mergulhar nessa dor.

Compreensivelmente, portanto, nos apressamos em proteger os nossos filhos de qualquer dor existencial. No entanto, eles também entraram neste mundo em um corpo finito e também irão experienciar emoções humanas, dores físicas e emocionais, doenças e, em algum momento, a morte. Será que não podemos reconhecer, validar e normalizar esses sentimentos em vez de combatê-los com a prática do resgate e da vigilância constantes?

Os ensinamentos do budismo revelam que o problema é na verdade o esforço para remover o vazio, não o vazio em si. O psiquiatra e praticante budista Mark Epstein afirma em seu livro *Going to Pieces Without Falling Apart*[29] que os terapeutas sempre "tentaram se livrar do vazio descobrindo a sua causa. Desde Freud e seus seguidores, os terapeutas haviam identificado todos os tipos de causas plausíveis. O budismo, tal como o aprendi, buscava inverter essa experiência ocidental do vazio. O problema com a experiência ocidental do vazio era que ela se misturava com uma alta dose de medo".

---

29 Livro sem tradução em Português. Uma tradução literal possível: *Cair aos pedaços sem se despedaçar.*

A palavra *vazio* (ou *vacuidade*) não assume um tom ou uma sensação negativa no budismo; de acordo com a maneira como o entendo, o vazio budista é simplesmente o oposto do sólido. Um pedaço de madeira, por exemplo, pode ser sólido ou pode ser oco — e, portanto, vazio. As coisas não são tão sólidas quanto pensamos.

Por exemplo, às vezes podemos pensar, "Nunca vou conseguir" ou "Sou uma pessoa horrível" ou ainda "Meu filho é tão frustrante". No entanto, trata-se apenas de pensamentos, coisas não muito sólidas; são transientes e poderiam mudar no decorrer de uns vinte minutos. Assim, em termos budistas, poderíamos dizer que esses pensamentos são vazios, assim como ideias ou perspectivas são vazias, no sentido de que também podem mudar e se alterar.

Uma vez, em um centro budista de Vermont, falei com um homem que havia completado um retiro de um mês de silêncio e meditação, durante o qual apenas era permitido que os participantes mantivessem uma "conversa funcional". Ele falou sobre o quanto ele, após mais ou menos uma semana sem falar com os companheiros participantes, inventara em sua mente todo tipo de histórias e projeções. Ele identificou de quem ficaria amigo, de quem gostava e de quem não gostava, quem era bom e quem era mau — todo tipo de rótulo. Até começou a inventar histórias de vida para as outras pessoas que também participavam do retiro. Com muito tempo para refletir, começou a perceber o quanto seus pensamentos eram tolos — ele não tivera de fato nem uma conversa com nenhuma daquelas pessoas que analisava. No entanto, é isso o que as nossas mentes fazem: categorizam, classificam, rotulam e julgam. Ele descobriu em primeira mão que seus pensamentos não eram muito sólidos e confiáveis. E, é claro, passou a ver e a entender seus companheiros de retiro de uma forma bem diferente quando pôde encontrá-los e conhecê-los.

Os budistas praticam o desapego desses pensamentos e sentimentos impermanentes, então o que fica é apenas a presença

— apenas estar. O budismo se esforça para dissolver as caixas e rótulos não sólidos da mente que pensa e simplesmente vivenciar o momento presente. Assim, o "vazio" também pode ser chamado de *abertura* ou mesmo de *liberdade*. O vazio não é algo de que se deva ter medo; na verdade, como escreve Mark Epstein, o vazio é "uma compreensão do indivíduo sobre a sua verdadeira natureza, uma intuição da ausência de uma identidade inerente às pessoas ou coisas".

O que aconteceria se nós nos permitíssemos ficar com o nosso sentimento de vazio em vez de tentarmos constantemente preencher ou resolver esses sentimentos nos nossos filhos e em nós mesmos? Ao menos assim veríamos a dor das crianças de uma forma diferente, e talvez pudéssemos nos abrir para um sentimento de familiaridade e compartilhamento com elas.

O que estou sugerindo não é que você se "desapegue" dos seus filhos, tampouco que ignore os conflitos e preocupações deles. Em vez disso, tenha empatia de uma maneira nova. Quando os pais se relacionam com os filhos com uma consciência de seus próprios sentimentos, é muito mais provável que estejam presentes e aceitando os sentimentos dos filhos.

Compartilhar em vez de resolver: orientar a trilha

Se os pais estão dispostos a abrir mão de seus papéis como gestores da trilha dos filhos, ou se pelo menos estiverem dispostos a experimentar uma nova maneira de criar os filhos, apresento-lhes a ideia de *orientar a trilha*. Em vez de eliminarem todas as pedras do caminho e estenderem a camada de couro por todo o piso, eles podem orientar seus filhos a partir de uma trilha paralela. Assim mantêm-se presentes, atentos, porém respeitando as fronteiras dos filhos. As crianças ficam mais dispostas a compartilhar seus mundos interiores quando há liberdade e espaço adequados dentro de seus próprios limites, quando sentem que possuem algo que apenas lhes pertence.

Os diagramas apresentados a seguir retratam esses dois estilos distintos:

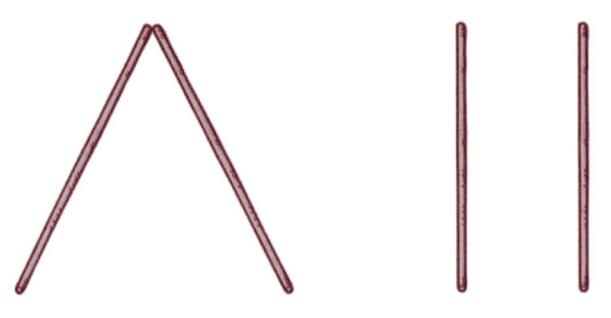

	Diagrama 1	Diagrama 2
Papel dos pais	Gerenciador da trilha	Orientador da trilha
Relacionamento	Instável	Estável
Fronteiras	Emaranhadas	Nítidas

Embora o Diagrama 1 possa parecer estável, ele pode facilmente se tornar instável quando um filho ou um dos pais se afasta do conflito. Nesse sistema, o pai ou a mãe tem que entrar no domínio do filho, e, como resultado, a criança fica na expectativa de que o pai ou a mãe estejam lá para consertar tudo, resolver e resgatar. No entanto, esse sistema também gera na criança as sensações de dependência e desamparo, o que estimula toda uma diversidade de formas de comportamento.

No Diagrama 2, o pai ou a mãe e a criança estão estáveis e lado a lado. Os pais não vão a lugar nenhum — estão presentes e atentos, porém respeitam o domínio da criança. Os pais permitem que a criança, sinta, lute e compartilhe; podem se afastar e depois voltar. Permanecem presentes e próximos, mas não interferem no território da criança. Os pais aceitam todos os sentimentos do filho e estabelecem limites em relação aos comportamentos que são inadequados.

No Diagrama 1, os pais administram o filho e assumem a responsabilidade pelos problemas e conflitos da criança. No Diagrama 2, os pais, como guias, são responsáveis por seus próprios pensamentos, sentimentos e ações; por sua vez, a criança assume a responsabilidade por seus pensamentos, sentimentos e comportamentos. Isso cria estabilidade e proximidade e gera amadurecimento e individuação.

No Diagrama 2, os pais podem sentir mais solidão, mais dor existencial. No entanto, podem também ter mais sentimentos de liberdade e independência. O mesmo também é verdadeiro para a criança — pode haver mais solidão, mais liberdade e mais independência. Essa sensação de um eu separado pode ser espelhada e enquadrada de uma forma positiva. No sistema do Diagrama 2, há um espaço saudável para dois indivíduos lado a lado, onde o elo emocional da relação entre pais e filhos está no compartilhamento de pensamentos e sentimentos.

A orientação da trilha

Mãe: "Como está o seu dia hoje?" *Como está a sua trilha hoje?*
Filho: "Estou preocupado com a minha apresentação na aula de história e também em encontrar Karen, porque tivemos uma briga ontem." *Mãe, há uma pedra imensa à esquerda com algumas rochas pontudas em volta.*
Mãe, validando o obstáculo: "Parece difícil, o que você acha que vai fazer?" *Parece desafiador. A partir da sua perspectiva, qual parece ser a melhor maneira de enfrentar isso?*
Filho: "Trabalhei muito para preparar essa apresentação, então agora, sei lá, acho que vamos ver o que acontece. Com Karen é mais difícil, mas acho que vou simplesmente perguntar se ela quer falar sobre o que aconteceu." *Bem, acho que o melhor vai ser escalar a pedra para evitar as rochas pontudas. Só vou precisar ter cuidado na hora de descer.*
Mãe: "Tudo bem, depois me conte como foi". *Tudo bem, me diga como ficam as coisas depois que tiver ultrapassado o obstáculo.*

Filho, no final do dia: "Oi, mãe. Eu me atrapalhei um pouco no início da apresentação e tive que começar tudo outra vez. Foi embaraçoso, mas essa foi a parte mais difícil. Depois que consegui começar, na verdade foi tudo bem. E a Karen e eu conversamos, então estou me sentindo melhor, mas não tenho certeza do que vai acontecer." *Consegui descer, mãe. Machuquei o joelho, mas está tudo bem. Agora a trilha parece não ter tantos obstáculos, embora não dê pra ver muito longe. Acho que vai ficar tudo bem. Eu te conto depois.*

Mãe: "Fico feliz que a apresentação tenha ido bem. Imagino que seja difícil com a Karen, pois vocês estão juntos há algum tempo — fico à disposição caso você queira conversar mais." *Fico feliz em saber que você está bem. Continuo aqui na minha trilha paralela à sua, caso você precise de mais alguma orientação.*

Presentes, mas sem interferir:
Dando às crianças a capacidade de estar

As crianças querem resolver seus próprios problemas e, além disso, querem *compartilhar*. Quando compartilham, estão deixando que os pais entrem em seus mundos internos. Estão deixando os pais conhecerem seus problemas, o modo como os resolvem, como pensam e como se sentem. Isso é intimidade emocional. Os pais podem ter proximidade e intimidade emocional sem resolver os problemas dos filhos ou resgatá-los. Na verdade, a criança sentir-se sozinha no campo bem delimitado da relação pais-filho é essencial para seu desenvolvimento saudável.

Epstein afirma que os pais devem estar "presentes, mas sem interferir", o que "cria um ambiente de apoio que dá suporte à criança". Criar o espaço para que a criança esteja só é tão importante quanto atender as necessidades físicas dos nossos filhos. Quando os pais encontram o equilíbrio entre não se intrometer e não abandonar, as crianças ficam livres para explorar a si mesmas. Epstein refere-se a esse espaço como "a capacidade de estar". Orientar os nossos filhos a partir de uma trilha paralela permite que eles estejam dentro de seu próprio espaço e seus próprios limites.

Pais que se intrometem demais geram crianças mais fechadas. É sempre surpreendente para mim perceber o quanto os pais que se envolvem em excesso sabem pouco sobre o mundo interno de seus filhos. Esses pais se esforçam tanto para dirigir e administrar todos os detalhes da vida do filho, mas sabem o mínimo sobre ele. Crianças que são emaranhadas pelos pais não lhes contam seus pensamentos e sentimentos mais íntimos; apenas manifestam o que precisam ou querem: uma ida ao shopping, um jeans novo, pizza para o jantar, e assim por diante. Com essa falta de compartilhamento de informações na relação entre pais e filhos, os pais se esforçam ainda mais para entender os sinais enviados pelos filhos, adivinhando suas emoções, o que faz com que a criança imponha mais barreiras. O problema com esse padrão é que as crianças não aprendem a se abrir, a ficar vulneráveis e a compartilhar — o que faz parte do amadurecimento emocional e do desenvolvimento da intimidade emocional.

Mas ainda mais problemático é o fato de que muitos pais advinham, pressupõem e decodificam de forma incorreta e deixam de compreender o que de fato ocorre. Os pais não são leitores de mentes. Assim como o homem que conheci em retiro, muitas vezes elaboramos histórias e fazemos suposições que são equivocadas. Quando os pais supõem erradamente que um filho está chateado em relação a alguma coisa e tentam resolver, eles deixam de compreender o que está realmente acontecendo com o filho. Isso pode provocar mais comportamento impulsivo, mais resistência ou mais fechamento por parte da criança.

O que as crianças mais querem é serem conhecidas e aceitas. Os pais precisam perguntar, e não pressupor. Precisam fazer vir à tona os pensamentos e sentimentos do filho. Quando a criança está fechada em si mesma, o adulto pode fazer o espelhamento e entrar em harmonia com ela. Por exemplo, em vez de fazer suposições, a mãe pode perguntar: "Querida, vi que você foi direto para o seu quarto quando chegou da escola. Você parece chateada. Pode me dizer o que está sentindo?" Se a criança se recusar a responder, a mãe pode apenas acrescentar: "Não quero tentar adivinhar e entender tudo errado, mas estou aqui caso queira me contar e me dizer se estiver chateada com alguma coisa." Essa mãe está presente e receptiva, porém respeita o domínio da criança. Essa mãe não está preenchendo as lacunas. As crianças muitas vezes dizem: "Você simplesmente não entende." E, em vez de ficar na defensiva podemos dizer: "Tem razão, não consigo ler a sua mente, mas adoraria ouvir se você quiser me falar o que está sentindo." Precisamos deixar espaço para que as crianças decidam participar de fato na família.

Pesquisas animadoras demonstram que experimentar novos comportamentos e vivenciar novos resultados comportamentais e emocionais podem de fato formar novos caminhos no cérebro. Isso se chama *neuroplasticidade* e indica que o cérebro é maleável e não fixo — vazio, e não sólido. Embora não seja fácil mudar comportamentos e respostas automáticas, é algo possível. À medida que os pais reforçam essas respostas novas, como escuta reflexiva, harmonização, validação, pausa, abster-se de envolvimento excessivo e estabelecer limites necessários, eles reforçam esse novo sistema de resposta.

No entanto, para fazer essas mudanças neurológicas, os pais precisam estar dispostos a assumir riscos, a abandonar velhos padrões e experimentar novas respostas. Abster-se de velhas maneiras de agir é algo extremamente difícil de se fazer e pode provocar sentimentos de solidão, impotência ou despropósito. É normal sentir medo quando se explora um território novo. Entretanto, os pais devem lembrar que quando eles se abrem ao medo, ao desconhecido ou mesmo à dor existencial, estão vivos e presentes em seus corpos — isso é uma coisa boa. Esse é exatamente o processo da confecção de sapatinhos. É esse comportamento que desejamos que sirva de modelo aos nossos filhos.

Na relação entre pais e filhos, a orientação da trilha, em oposição à administração, significa ouvir, ficar presente e abster-se de agir. Você aceita seja qual for o sentimento ou o conflito que seu filho esteja tendo. Os pais precisam mostrar aos filhos que podem lidar com aquilo — eles não precisam estar protegidos da realidade da criança. As crianças querem compartilhar e ficam mais propensas a fazê-lo quando sabem que você não vai assumir a trilha delas: ou seja, abandoná-las ou interferir em seu caminho. Em vez disso, há respeito mútuo. Na verdade, a orientação da trilha gera estabilidade e promove amadurecimento, resiliência e interdependência.

Quando temos coragem suficiente para ficarmos sozinhos com a nossa própria dor, estamos mais propensos a criar esse espaço para os nossos filhos. Isso não tem que ser assustador; todo indivíduo singular no planeta experiencia *dukkha*. Em vez disso, podemos compartilhar essa jornada com os nossos filhos e validar que a dor, a solidão e a incerteza são sentimentos normais. A orientação da trilha pode permitir que as famílias compartilhem sentimentos de proximidade emocional — não apenas a proximidade física de viver sob o mesmo teto.

Recursos Internos promovidos com essa abordagem

- Solução de problemas
- Regulação emocional
- Motivação interna
- Aceitação da impermanência
- Adaptabilidade

CAPÍTULO 11

Compaixão

A compaixão é o melhor remédio.

— **Lama Zopa Rinpoche**, *Cura definitiva: O poder da compaixão*[30]

As emoções são uma parte normal da experiência humana — não são boas nem ruins. Assim como uma orquídea desabrocha, murcha, cai, se refaz e floresce outra vez, os nossos sentimentos ocorrem em ciclos dentro de nós. Quando intervimos no processo emocional dos nossos filhos, estamos interferindo nesse ciclo. O mesmo é verdadeiro para os conflitos. Quando intervimos nos conflitos de um filho, estamos atrapalhando a habilidade natural dele de resolver problemas, de crescer e amadurecer. No entanto, muitas vezes não é fácil aplicar esses conceitos aos nossos filhos, mas em vez da ação, o que é necessário é a compaixão.

A professora do budismo tibetano Pema Chodron tem uma definição notável para a compaixão: compaixão é o que uma mãe sem braços sente quando seu filho cai no rio. Passei algum tempo pensando sobre essa definição. Inicialmente, tirei essa ideia da minha mente pois parecia ser muito difícil estabelecer qualquer relação com ela, mas ela voltou aos meus pensamentos durante o meu trabalho com pais. Os pais me procuram com muitas situações difíceis — um filho que desistiu da escola, que não sai da cama, que mente sem parar, que passa horas realizando rituais de ansiedade ou que está viciado em computador — e esses pais em geral já passaram infinitas horas tentando consertar, empurrar ou persuadir o filho. A maioria dos pais já fez tudo o que podia, sem sucesso. Ficamos mais à vontade com a ação do que com o sentimento.

---

30 Título original: *Ultimate Healing*.

Uma mãe sem braços: um sentimento de impotência. Muitas vezes nos sentimos impotentes quando se trata da dor dos nossos filhos. No entanto, vale muito a pena ficar ali com o nosso filho e sentir o estoque de compaixão que todos nós temos po eles, assim como aquela mãe na beira do rio. Essa mãe não pode resolver o problema do filho, mas pode sentir. Isso é compaixão. Compaixão significa que estamos conscientes do nosso sofrimento, de modo que podemos estabelecer uma ligação — ou tentar estabelecer uma ligação — com o sofrimento do outro. A maioria de nós conhece dor física, dor emocional; sabemos como é sentir rejeição, conhecemos o medo e conhecemos a perda, a ansiedade e o desespero. Podemos sentir com eles. Há uma suavização interna, uma sensação de "isso é difícil, isso é doloroso, e *eu estou bem aqui com você*". Mas não podemos entrar lá e remover o sofrimento da outra pessoa, assim como essa mãe não pode pegar o filho e tirá-lo do rio.

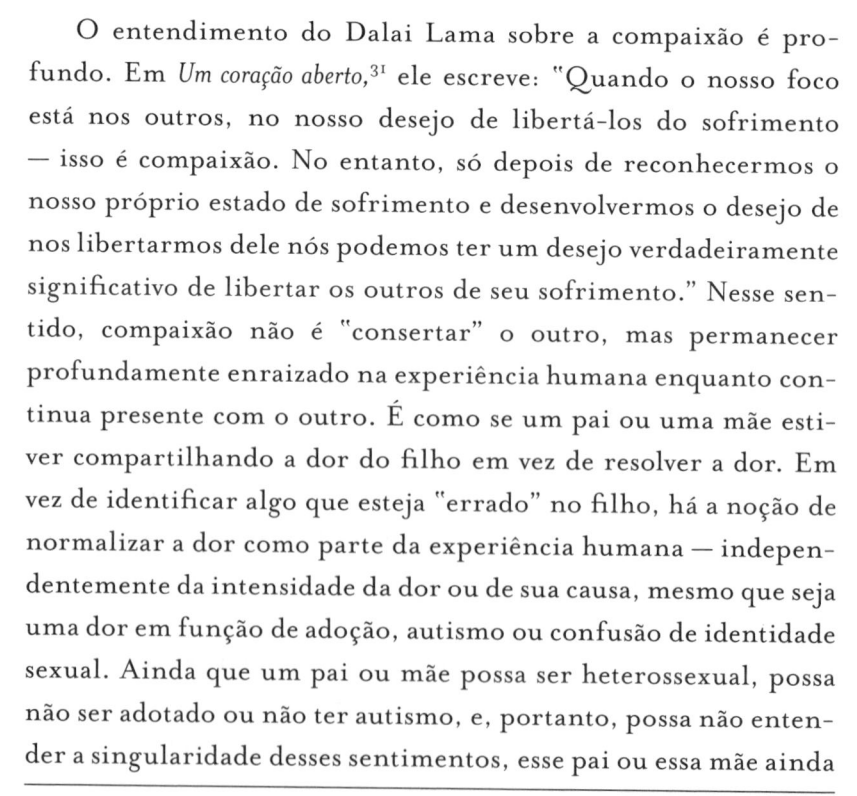

O entendimento do Dalai Lama sobre a compaixão é profundo. Em *Um coração aberto*,[31] ele escreve: "Quando o nosso foco está nos outros, no nosso desejo de libertá-los do sofrimento — isso é compaixão. No entanto, só depois de reconhecermos o nosso próprio estado de sofrimento e desenvolvermos o desejo de nos libertarmos dele nós podemos ter um desejo verdadeiramente significativo de libertar os outros de seu sofrimento." Nesse sentido, compaixão não é "consertar" o outro, mas permanecer profundamente enraizado na experiência humana enquanto continua presente com o outro. É como se um pai ou uma mãe estiver compartilhando a dor do filho em vez de resolver a dor. Em vez de identificar algo que esteja "errado" no filho, há a noção de normalizar a dor como parte da experiência humana — independentemente da intensidade da dor ou de sua causa, mesmo que seja uma dor em função de adoção, autismo ou confusão de identidade sexual. Ainda que um pai ou mãe possa ser heterossexual, possa não ser adotado ou não ter autismo, e, portanto, possa não entender a singularidade desses sentimentos, esse pai ou essa mãe ainda

---

31 N. T. No original, *An Open Heart*.

assim pode ter compaixão ao se esforçar para libertar o filho do próprio sofrimento.

Não podemos abrir mão do nosso crescimento pessoal em função de outro indivíduo que parece estar com mais dor. Na verdade, a nossa maneira de ajudar os outros é estarmos conscientes e em contato com a nossa própria dor. Às vezes, uma criança que vivencia conflitos pode nos ajudar a entrar em contato com essa noção.

Jack

Jack, um exuberante garoto de dez anos, começou a ficar imobilizado ao ter que tomar decisões pouco depois de completar dez anos. Ele não conseguia decidir que casaco, camiseta ou sapato usaria para ir à escola. Sua incapacidade para tomar decisões levou a uma sensação de paralisia. Em dado momento, ele começou a desistir de realizar os trabalhos escolares e, em seguida, se recusou a ir para a escola. Os pais dele, perplexos com a situação, passaram por um ciclo de uma série de reações. Primeiro, iam até o seu quarto e lhe diziam que não se importavam com a roupa que ele usaria — quer fosse shorts em um dia frio ou botas em um dia quente. Depois, entravam no quarto e escolhiam o que ele deveria usar, numa tentativa de eliminar sua indecisão. Ao final, berravam, tentavam persuadi-lo, barganhavam. Por fim, exasperados, desistiram sentindo-se derrotados.

Jack nutria um sentimento de que havia algo errado com ele. Todos pareciam "muito bem" e não se preocupavam com a escola ou com as roupas. Jack lutava com questões de insegurança e de orientação sexual que não entendia, e estava incrivelmente ansioso. Em algum nível, os pais viam a ansiedade e a paralisia do filho como algum tipo de falha por parte deles. Deviam ter causado o problema, ou simplesmente deviam se esforçar mais para resolvê-lo. Em vez de ter empatia pelas emoções humanas do filho, queriam resolver os seus conflitos, e quando se percebiam incapazes disso, culpavam a criança e depois a si mesmos.

A psicóloga clínica e de orientação budista Tara Brach, em seu livro *Radical Acceptance*,[32] revela que um equívoco central que muitos de nós trazem consigo é de que há algo errado conosco se vivenciarmos uma emoção negativa. Penso que podemos todos concordar que exista alguma coisa errada quando uma criança se recusa a ir para a escola e fica na cama. No entanto não há nada errado em sentir-se ansioso, preocupado ou confuso. Na verdade, todos nós temos esses sentimentos todos os dias. Jack simplesmente não sabia como lidar com a ansiedade dele. Essa é uma área em que os pais podem tentar virar o jogo quando veem seus filhos lutando, fazendo cenas ou se fechando. Os pais podem ouvir, sintonizar, permanecer presentes, validar, normalizar e mostrar compaixão. Mesmo que a criança não saiba o que há de errado.

Recentemente, a minha filha mais nova começou a me dizer: "Mãe, estou preocupada." Ao que eu respondia: "Com o que você está preocupada?" Com alguma tensão em sua voz, ela dizia: "Não sei. Só estou preocupada." Senti um forte impulso de me intrometer e resolver tudo e dizer: "Está tudo bem" ou "Não se preocupe", tentando animá-la. Mas, em vez disso, começava dizendo: "Não há problema em ficar preocupada, querida." Ela ficava com aquelas palavras por um instante. Em seguida eu dizia: "Obrigada por dividir comigo o seu sentimento; estou aqui para ouvir."

Isso continuou por mais ou menos um mês — passavam-se alguns dias e ela voltava a me lembrar de que estava preocupada. Segui com a mesma resposta: "Não há nada errado em estar preocupada." E ainda acrescentava: "Eu também fico preocupada — é um sentimento normal." Ou, em vez de fazer de fato algo para resolver a situação, eu perguntava: "Há algo que eu possa fazer?" Ela educadamente respondia: "Não, obrigada, mãe." Deixei que ela ficasse no comando daquele sentimento. Todos temos preocupações, não há nada de assustador nisso, e é melhor aprender a processar a preocupação naturalmente. É claro que não sei ao certo, mas me ocorreu que ela pudesse estar sentindo uma preo-

---

32 N. T. Literalmente, *Aceitação Radical*.

cupação existencial em relação à incerteza da vida ou talvez ela tenha começado a refletir sobre a morte, uma vez que não ligava a sua preocupação a nada específico. Essas preocupações não identificadas às vezes são as mais difíceis porque as nossas mentes pensantes querem resolvê-las e não são capazes.

Seu sentimento de preocupação e a tensão na sua voz continuaram indo e vindo por mais algumas semanas. Até que um dia no carro notei uma mudança significativa. A minha filha falou, confiante: "Estou preocupada outra vez, mas sei que está tudo bem." O tom de voz dela estava calmo e não havia nenhuma tensão ou medo em sua voz. Ela estava consciente do que sentia, mas não reagia a esse sentimento. Observei que as minhas reações de validação e normalização haviam ajudado; ela foi capaz de superar e seguir em frente. Ainda não sei a que se referia a preocupação dela, mas o objetivo não é eliminar emoções negativas resolvendo-as — é validar e normalizar os sentimentos, o que permite que passem pelo seu ciclo. A compaixão, conforme descrita na tradição budista, significa reconhecer e aceitar o que está posto.

Quando devemos agir?

Em seu livro *Be Beautiful, Be Yourself*,[33] o monge zen budista vietnamita Thich Nhat Hanh sugere o seguinte: "Quando nos sentimos sobrecarregados, estamos nos esforçando demais. Esse tipo de energia não ajuda a outra pessoa, nem nos ajuda. Não devemos ficar ansiosos demais em ajudar de imediato. Há duas coisas: estar e fazer. Não pense demais em fazer — estar vem primeiro."

É claro que o impulso de consertar, ajudar e resolver tudo para as crianças é universal. As nossas emoções estão profundamente entrelaçadas com os nossos filhos, e a maioria dos pais simplesmente deseja que seus filhos estejam felizes, logo qualquer infelicidade tende a induzir os pais a entrar em ação. No entanto, é importante distinguir quando estamos de fato fazendo

---

33 N. T. Literalmente, *Seja belo, seja você mesmo.*

algo útil, em oposição a interferir no domínio dos nossos filhos, assumir seus problemas e desconfortos e perturbar sua capacidade natural de sentir e processar emoções.

Felizmente, há muita coisa que ainda permanece no domínio daquilo que podemos fazer. Podemos alimentar os nossos filhos quando estão com fome. Podemos preparar-lhes um lanchinho especial. Podemos deixá-los prontos para ir para cama quando estão cansados. Podemos ouvir. Podemos jogar, cantar canções, montar miniaturas, praticar esportes, fazer-lhes cócegas e ler histórias ou assistir a filmes juntos. Podemos vesti-los. Podemos levá-los para as suas atividades. Podemos comemorar juntos nas festas e feriados. Podemos ficar atentos a eles quando estão doentes. Podemos falar sobre as coisas que não entendem. Podemos tentar responder suas perguntas. Podemos sair para passear juntos. Podemos compartilhar a vida com eles. Então, quando é que os pais dão conselhos *de fato*?

Os pais devem dar conselhos apenas quando estes forem solicitados. Quando as crianças realmente perguntam, "Mãe, o que você acha?" ou "Pai, o que você faria?", elas querem outra perspectiva, e os pais podem oferecer seus conselhos livremente. Porém, a minha única ressalva é que um pai ou uma mãe deve dizer: "Bem, vou dividir a minha perspectiva com você, mas a decisão é sua." Lembre-se de que, de qualquer forma, os pais tomam muitas decisões em relação aos filhos, como no carro de quem é permitido que eles andem quando os amigos começam a dirigir, ou qual é o horário que devem chegar em casa, ou o valor da mesada, e assim por diante. No entanto, se a questão se refere a algo que faça parte do domínio do filho, a decisão deve ser tomada por ele.

Então, onde entra a parte de levar conforto aos filhos? De preparar suas refeições preferidas, preparar um banho, assistir a filmes juntos, sair para dar uma caminhada, demonstrar afeto, fazer compras — tudo isso são maneiras de confortar e demonstrar amor pelos nossos filhos, embora não devamos pensar que isso acalme qualquer incômodo ou mal-estar. Quando percebemos onde termina o nosso domínio e começa o do nosso filho, é aí que entra a compaixão. Não podemos passar para o domínio dele. Não podemos assumir a sua tristeza, sua preocupação ou suas mágoas como um projeto nosso. Da mesma forma que a mãe sem braços não pode tirar o filho dela do rio.

A minha sensação é que todos os pais tiveram a experiência de quando todo o superinvestimento na felicidade da criança sai pela culatra. Por exemplo, quando tentamos criar o ambiente perfeito para a felicidade — uma festa do sorvete, trazer algo especial da padaria, visitar uma loja de brinquedos ou entregar o nosso cartão de crédito a um adolescente — todos esses esforços podem não ser suficientes, e nossos filhos ainda assim se sentirem chateados por alguma coisa. Nossos filhos têm sua própria experiência do mundo — por mais que tentemos, não somos capazes de controlar o que sentem.

Esse impulso de confortar é agravado quando uma criança tem conflitos emocionais. Digamos que a sua filha tenha depressão, dificuldades acadêmicas ou sociais. Os pais querem lançar uma linha de resgate e levar a criança para um ambiente seguro. Mas isso pode ser complicado quando a criança tem mau comportamento. Quando os pais lidam com graus variados de comportamentos inapropriados, é difícil saberem como podem ser compassivos. Dar às crianças o que querem é compaixão? E deixar que passem a noite toda no computador? Mudar as regras ou expectativas, terminar a lição da criança, permitir que os humores do seu filho dominem o ambiente doméstico — tudo isso são maneiras de demonstrar compaixão?

É compassivo estabelecer limites e consequências para manter uma criança em seu curso. Permitir que uma criança se prejudique abandonando a escola, ficando na cama e se esquivando da vida, ou permitir que machuque outras pessoas com suas explosões de raiva ou manipulação emocional — nada disso é compaixão. Esses comportamentos não a ajudam. Os pais podem estabelecer limites com consequências ao lidarem com uma conduta inadequada — esses limites ajudam a dar uma sacudida nos comportamentos estagnados e fixados. Sintonia, compaixão e limites — estas são as melhores maneiras de agir compassivamente.

Abster-se de agir

Quando nos afastamos pouco a pouco da gestão da vida dos nossos filhos e lentamente descolamos a camada de couro com a qual havíamos forrado os seus universos, ainda permanecemos ativos nos nossos papéis como pais e mães. Alguns pais sentem que estão negligenciando seus deveres de educar quando veem todas as tarefas que o filho tem de fazer e ficam parados em vez de ajudar. Mas isso não é negligenciar — isso é educação valente, com intenção. Os pais podem simplesmente estar presentes. Thich Nhat Hanh afirma: "É como se a outra pessoa estivesse sentada ao pé de uma árvore. A árvore não faz nada, mas a árvore é fresca e viva. Quando estamos como aquela árvore, enviando ondas de frescor, podemos acalmar o sofrimento da outra pessoa." Precisamos dominar os nossos impulsos de resolver tudo e então conter-nos — precisamos "amarrar-nos ao mastro".

Tenho impulsos de resgatar as minhas filhas o tempo todo. Ainda outro dia, a mais velha foi desrespeitosa comigo ao se aprontar para a escola. Ela gritou, chorou, ficou paralisada num impasse e estávamos atrasadas. Disse a ela que não era certo gritar ou fazer com que nos atrasássemos para a escola. Disse que quando chegássemos em casa ela teria que passar vinte minutos no quarto dela antes que pudesse brincar pela casa ou com a irmã. Disse que havia ficado triste por termos brigado e que a amava.

Observo que quando determino um limite, isso permite que as minhas filhas parem, mudem emocionalmente e processem seus sentimentos muito mais rápido. Sem os limites, as crianças com frequência não sabem como parar e se autorregular por conta própria. Até a adolescência, o córtex pré-frontal do cérebro ainda está em desenvolvimento, o que afeta processos como o controle de julgamento e impulso. Não podemos ficar bravos com os nossos filhos por eles não saberem se autorregular — precisamos ensiná-los compassivamente a estabelecer limites. Muitos pais evitam estabelecer limites e, como resultado, muitas crianças sentem que ficam fora de controle. Isso não ajuda no departamento da autoestima; na verdade, as crianças ficam envergonhadas quando sentem que ficam fora de controle.

Após ficarem definidos o limite e a consequência, a minha filha ficou um encanto. Ela me deu um beijo ao se despedir de mim na escola e quando a busquei no ônibus. Ao chegarmos em casa, a lembrei dos vinte minutos predeterminados. Ela correu para o quarto. No entanto, logo me vi querendo avançar o tempo. Comecei a pensar, bem, vou deixar que ela saia de lá depois de quinze minutos. Em seguida, cortei para dez minutos. Percebi que estava me sentindo culpada. Queria resgatá-la da minha consequência. Mas também percebi que a minha filha parecia estar bem, ocupada brincando com algo no quarto. Logo me distraí com a minha filha mais nova e, antes que percebesse, haviam-se passado vinte e cinco minutos. Quando entrei no quarto, ela havia iniciado um projeto novo e queria terminar. Percebi que a minha pressa em resgatá-la tinha a ver comigo, não com ela — minha filha sabia que havia se comportado de forma descontrolada pela manhã; havia aceitado a consequência e seguido em frente. Era eu que estava me sentindo culpada por ter dado uma consequência a ela. E quando mantenho as consequências, elas funcionam.

Quando ficamos fora do caminho dos nossos filhos e me abstenho de agir, eles aprendem lições e processam os sentimentos de uma forma mais natural. Às vezes quando tento deixar minhas filhas animadas com algo novo que comprei ou alguma novidade sobre uma viagem ou um feriadão, fico decepcionada quando não reagem da maneira como eu esperava. Em suma, estou tentando controlar os sentimentos delas. Isso está programado de uma maneira tão profunda em nós, pais e mães, que é necessário ter uma autoconsciência de alta precisão para percebermos quando agimos no sentido de resolver as coisas e tentar confortar os filhos.

A importância dessa abstenção também se aplica a quando imaginamos que nossos filhos ficarão infelizes ou entediados, e tentamos evitar esses momentos através do entretenimento, o que, é claro, a nossa cultura nos proporciona com uma infinidade de opções de aparelhos, sobretudo eletrônicos. No entanto, podemos perder aí uma oportunidade para que nossos filhos sejam criativos e inventivos na utilização de um tempo aparentemente não estruturado. Gosto do tempo não estruturado pelas manhãs ou após a escola, mas tenho dificuldades com esses períodos nos fins de semana, pressupondo que as minhas filhas vão enlouquecer sem atividades (o que de fato às vezes ocorre). Em um fim de semana, fui fazer algumas voltas de rua e quando voltei para casa encontrei o meu marido trabalhando em um projeto e as crianças mergulhadas em uma brincadeira inventada — mesmo após terem se passado algumas horas. Fizeram todo um ciclo brincando de hotel, de escola, de entregar cartas (criando caixas de correio para os quartos de cada uma) e, por fim, brincando de aula de dança. Se eu estivesse em casa, poderia ter intervido e até mesmo evitado que esse tipo de brincadeira acontecesse. Elas mal notaram o meu retorno porque estavam ocupadas demais.

As emoções das crianças veem e vão, quer tentemos deixá-las felizes ou não. A abstenção e a pausa são coisas que preciso praticar com frequência como mãe, pois é muito fácil assumir o comando e limpar o quarto delas, resolver o seu problema ou fazer eu mesma uma tarefa que é delas. Mas o que aprendi como mãe e terapeuta é que o "fácil" muitas vezes significa estender a camada de couro, enquanto o "difícil" leva à confecção de sapatinhos. Preciso deixar que a minha filha de cinco anos faça seu próprio sanduíche de manteiga de amendoim e geleia — mesmo que leve o dobro do tempo — porque ela está muito determinada de que é isso o que quer fazer e porque é bom para a noção dela sobre suas próprias habilidades, para não falar do refinamento de suas habilidades motoras. Às vezes a minha filha de sete anos faz um elaborado fantoche de espuma e sinto um impulso de ir lá e lavar a louça, mas me abstenho de agir assim e isso me permite apreciar sua criatividade e desenvoltura.

Ouvir profundamente o que vem de dentro

Quando passamos a resolver as coisas e a resgatar, estamos também interrompendo a capacidade dos nossos filhos de ouvir sua própria sabedoria, sua própria intuição e suas habilidades naturais de cura. Todos nós temos a capacidade de sermos perspicazes e autoconscientes, e de nos autocurarmos. Creio que as crianças podem aprimorar essa capacidade de ouvir profundamente e permanecer com o próprio medo, descobrir soluções e enfrentar as coisas de maneiras que nem poderíamos imaginar.

No célebre livro *Como falar para seu filho ouvir e como ouvir para seu filho falar*,[34] as autoras Adele Faber e Elaine Mazlish discutem o sucesso que obtiveram ao fornecerem uma caneta e uma folha de papel a uma criança chateada, dizendo: "Escreva ou desenhe como você se sente." As crianças imediatamente se acalmavam e desenhavam ou descreviam graficamente suas experiências emocionais com clareza. Então, muitas vezes quando entramos em cena para resolver algo para os filhos, é como se os calássemos; em vez disso, deveríamos dizer: "Seus sentimentos são muito importantes, posso perceber o quanto você está chateado — você pode fazer um desenho para me mostrar de modo que eu possa tentar entender o que você sente?" A arte é uma ferramenta poderosa para que as crianças expressem o que há dentro delas e, mais importante, dá às crianças uma oportunidade de desenvolver um ouvido interno e colocar aquilo dentro de suas próprias habilidades a fim de processar as emoções.

A capacidade das crianças de ouvir profundamente a si mesmas as prepara para uma vida de autodescoberta e de saber quem são. Quando são distraídas ou redirecionadas pelos pais toda vez

---

34 N. T. No original, *How to Listen So Kids Will Talk and How to Talk So Kids Will Listen*.

que estão chateadas, isso também se correlaciona com os sentimentos de impotência e depressão.

As emoções de Jack

Como os pais de Jack poderiam reagir compassivamente à sua ansiedade e recusa a ir para a escola, incentivando-o a se ouvir profundamente para ver se encontrava a solução para seu próprio problema? É claro que, como na maioria dos casos, não há uma solução rápida, mas a combinação de compaixão com a escuta profunda pode colocar essa família em um caminho mais saudável.

Embora os pais de Jack não estejam paralisados na cama de indecisão, eles mesmos passam por muito estresse e ansiedade. Conseguem sentir e reconhecer seu próprio sofrimento humano e dor existencial e validar a dor dele não apenas não é algo tolo, mas uma informação muito importante. Eles podem demonstrar afinidade e talvez dividir o que sentem agora ou o que sentiram em momentos de suas vidas em que estiveram imobilizados por algum motivo. Podem perguntar se Jack sabe o que está sentindo. Podem normalizar e validar.

Veja abaixo alguns exemplos de comunicação compassiva:

— "Não há nada de errado em ficar preocupado. Eu me preocupo muito. Talvez você não ache que eu me preocupo, mas eu me esquivo de um monte de coisas, exatamente como você está se esquivando de se vestir para ir à escola. Acho que a gente tentar se esquivar é uma reação totalmente normal. Sabe, eu até tenho me esquivado de muitas partes da minha família porque não me sinto à vontade com eles."

— "Sinto que você não gosta de se sentir preocupado ou ansioso e está tentando lutar contra isso. Mas a preocupação não é nada além de uma emoção, assim como a felicidade é uma emoção."

— "Não há nada de errado com você ou com os seus sentimentos. No entanto, esses comportamentos que você tem escolhido não são adequados porque você está prejudicando a si mesmo ao faltar à escola."

— "A ansiedade estará lá o tempo todo, quer você fique na cama ou não. Acho que você precisa aprender a atravessar e enfrentar a sua ansiedade e a sua dor."

Ouvir profundamente pode permitir que Jack analise mais de perto o que está sentindo. Veja abaixo alguns exemplos de maneiras de incentivar isso:

— "Se ouvir a si mesmo e atentar profundamente, você sabe o que está sentindo?"

— "Você quer enfrentar a sua ansiedade? Quer ficar na cama ou quer tentar outra coisa?"

— "Se a sua ansiedade pudesse falar, o que ela diria? Você poderia desenhar isso?"

— "Qual você acha que é a melhor maneira de resolver isso?"

— "O que dizem os seus instintos — a sua voz interior?"

— "Não vou continuar vindo aqui para tentar fazer com que você vá para a escola. Vou pedir que você se escute profundamente e sugira você mesmo uma solução. No entanto, se ainda assim você escolher não ir para a escola, haverá consequências como não poder usar o computador, e é provável que você receba consequências adicionais da própria escola."

Compaixão, escuta reflexiva, abstenção, validação, normalização com limites e consequências — tudo isso faz parte do processo de confecção de sapatinhos. Com essas respostas por parte dos pais, é mais provável que Jack processe as emoções dele de forma fluida, e menos provável que fique paralisado em um padrão de comportamento.

Usando o conselho do mestre Thick Nhat Hanh, como podemos estar vivos, fortes e presentes para os nossos filhos — quer conheçamos e entendamos ou não o problema deles? Algo como a dor referente à adoção, à identidade sexual ou mesmo ao autismo pode levar anos para ser superado ou para ser compreendido. Há muita coisa no âmbito do desconhecido. No entanto, nesse meio tempo, podemos praticar estar presentes, abertos, receptivos e compassivos ao que quer que nossos filhos estejam enfrentando. Podemos ser objetos seguros para os nossos filhos.

Recursos Internos promovidos com essa abordagem

- Solução de problemas
- Adaptabilidade
- Motivação interna
- Regulação emocional
- Tolerância ao sofrimento

Capítulo 12

Habilidade: Remover a camada de couro
Educação valente

> A vulnerabilidade é a fonte da inovação, da criatividade e da mudança.
>
> — **Brené Brown**

Quando eu tinha vinte anos, morei na África durante seis meses. Sempre soube que aquele era o lugar aonde que eu queria ir, e as experiências que tive por lá me enriqueceram de muitas formas. A experiência mais preciosa que tive naquela época foi também a mais inesperada: Eu me sentia viva todos os dias. Lembro-me de acordar e me abrir para a vida.

Cada dia era imprevisível. Eu não sabia que alimentos iria comer em nenhum dia. Não sabia se o ônibus me apanharia no horário. Não sabia quem eu iria encontrar. Não sabia se conseguiria sacar dinheiro no banco, pois às vezes havia questões burocráticas. Não sabia se conseguiria fazer uma ligação telefônica, às vezes havia longas filas. Não sabia se conseguiria encontrar alguém em uma ONG, pois não conseguia encontrar seus horários de funcionamento ou números de telefone. Não sabia se seria enganada (o que acontecia) ou se seria convidada a tomar chá na casa de alguém (o que também acontecia com frequência). Eu apenas aceitava cada dia — não me sentia frustrada se algo dava errado ou se não conseguia realizar alguma coisa. Via tudo como sendo parte da minha experiência africana.

Por haver tantos componentes desconhecidos, a vida parecia emocionante; era uma aventura. Na verdade, senti que na África o meu estado mental estava mais saudável, mais flexível e mais aberto, embora houvesse muito o que temer. Escalei o Monte Kilimanjaro, com apenas um guia contratado; fiz caminhadas; peguei uma balsa de carga para ir até Zanzibar e sobrevivi, embora muitas pessoas tenham ficado enjoadas; tive uma inflamação na perna; recebi um pedido de casamento (algumas vezes); comprei engenhocas (não pergunte); e andei por Kibera, a segunda maior favela urbana da África. Estava cercada por ameaças, no entanto não me sentia ansiosa. Eu me sentia mais em contato com o pulso da vida humana e do mundo natural.

Aqui nos Estados Unidos, esperamos que tudo funcione como um relógio — como se pudéssemos controlar totalmente o nosso ambiente. Ficamos frustrados com qualquer revés. Embora a vida seja mais conveniente e previsível, a previsibilidade é na verdade algo muito aborrecedor. E, apesar disso, não gostamos de nenhuma variação; queremos poder prever tudo. E ainda assim permanecemos na defensiva, mantendo-nos alertas para qualquer perigo. Isso tem um custo. O que aconteceria se nos abríssemos e abraçássemos o desconhecido, baixássemos a guarda e vivêssemos cada dia ao máximo?

Segundo o budismo, a vida está sempre em fluxo — mesmo em países desenvolvidos. A impermanência está por trás de tudo. Os contratempos, as decepções, as surpresas e as mudanças estão sempre acontecendo. Cabe a mim absorver as lições que aprendi na África e me abrir da mesma forma para a minha vida onde quer que eu esteja. E se eu usasse a mentalidade da minha "experiência africana" e a empregasse o tempo todo como sendo a mentalidade para a minha "experiência humana"? Embora admita que não sou muito boa nisso, quando me desloco para essa maneira de pensar eu me sinto mais em paz e estou em contato com um estado mental mais saudável.

Como podemos ensinar as crianças a se abrirem para as incógnitas da vida em vez de se fecharem e ficarem ansiosas? Como podemos ensiná-las que quando permanecemos presentes, bem à beira do desconhecido, é quando nos sentimos mais vivos? Como podemos ensinar as crianças a permanecer com o desconforto quando ele surge?

Educação Valente

Surpreendentemente, em todos os meus anos como guia e terapeuta, nunca me deparei com a palavra *valente* no contexto de lidar com emoções até que comecei meus estudos budistas. A terapia utiliza palavras como *enfrentar, autotranquilizar, gerenciar* e *tolerar*, mas todas elas têm uma conotação ligeiramente negativa; têm relação com lutar com algo difícil. *Valente*, ao contrário, é uma palavra positiva e poderosa. Em especial se considerarmos o predomínio da palavra *ansiedade* e a explosão de transtornos de ansiedade, por que se fala tão pouco sobre o seu oposto, a valentia?

O professor do budismo tibetano, Sakyong Mipham, com frequência ensina sobre a valentia. Em seu livro *Confined by Cowardice*,[35] ele escreve que a valentia "é o ato de, uma forma totalmente entregue, ter a coragem, o relaxamento e o discernimento de simplesmente estar. Chegamos a essa capacidade de estar ao cultivarmos uma atitude firme e franca em relação ao momento presente". "Simplesmente estar" significa abster-se de reagir ao momento presente — abster-se de se fechar ou de escapar em pensamento — e, em vez disso, permanecer com o espectro completo de sentimentos, bons e ruins. O que é interessante nessa definição é que a maior parte da nossa ansiedade se refere ao momento presente — a incerteza em relação ao que virá a seguir. Ele afirma que nós precisamos de uma "atitude firme e franca em relação ao momento presente". Em vez de beber mais uma dose, buscar mais um pouco de cafeína, ir para cama, comprar *junk food*, fazer fofocas para um amigo, buscar distrações no computador ou começar a planejar tudo excessivamente, devemos ser valentes e permanecer com as emoções instáveis que se apresentam no momento presente.

Na África, essa capacidade de *estar* chegou a mim de uma forma

---

35 N. T. Literalmente, *Confinados pela covardia*.

mais imediata porque eu nunca sabia o que viria a seguir, embora, nas nossas vidas confortáveis nos países desenvolvidos, construamos em nossas mentes uma ideia do que *deveria* estar acontecendo. Planejamos os nossos dias em nossas cabeças e ficamos chateados com quaisquer variações. No entanto, ser valente não tem a ver com controle ou com eliminar o medo — ser valente é aceitar o medo e se entregar a conhecê-lo.

A valentia é como um velho carvalho que se sustenta e cresce tempestade após tempestade, estação após estação. Quantas vezes simplesmente pedimos que nossos filhos sejam valentes, que mergulhem em suas raízes e sustentem suas tempestades? Que sintam o vento, o granizo, a chuva e a neve sabendo que vão passar?

As crianças vêm ao mundo equipadas com maneiras inatas de processar as emoções e de lidar com o desconforto, e todas elas têm a capacidade de ser valentes. Em vez de tentar eliminar o problema, os pais podem permitir que as crianças lutem. Mesmo quando os pais participam ao validarem os altos e baixos de seus filhos, eles estão confiando no sistema natural de autorregulação dos filhos — assim como confiamos na árvore e nas raízes fortes que a sustentam. Quando as crianças percebem que são ouvidas e validadas pelos outros, elas se sentem apoiadas, e a maioria está pronta para seguir em frente e resolver os próprios problemas.

No entanto, as reações parentais de acalmar, resolver tudo, calar os filhos e apaziguar parecem vir gravadas nos cérebros de todos nós, pais e mães. Muitas vezes observo essas respostas programadas saindo da minha boca, apesar das minhas intenções de simplesmente pedir que as minhas filhas sejam valentes. Entretanto, quando de fato reajo de uma forma intencional, fico chocada quando a minha filha chega com uma perspectiva nova e diferente.

Uma vez a minha filha mais velha estava participando de uma apresentação local de "O Quebra-nozes" e, embora estivesse nervosa por estar em um grande palco, ela realmente queria muito participar. Nos ensaios, descrevia sensações estranhas em sua barriga — o que identificamos como sendo uma reação nervosa ou o famoso "friozinho na barriga". Ela começou a falar mais abertamente: "Estou com medo." Tentando espelhar e validar, eu dizia a ela: "É assustador mesmo."; no entanto, eu ainda escorregava no sentido de tentar resolver a situação para ela: "Você vai se sair bem." Toda vez que eu tentava encher o balão da esperança dela, ele em geral parecia vazio, murcho.

Na próxima vez em que ela me trouxe suas preocupações — que incluíam a possibilidade de cair, ficar paralisada em cima do palco, esquecer o que tinha que fazer ou bater em alguém com o acessório que usaria na cabeça —, assumi o risco de deixar que ela ficasse no comando do seu problema e falei: "Parece assustador mesmo. O que você acha que vai fazer?" Ela hesitou um pouco e depois falou com segurança: "Bem, acho que só vou ter que ser valente." Quando olhei para ela, me perguntando em silêncio se eu havia ouvido corretamente, vi um imenso sorriso no seu rosto. Ela mesma resolvera o problema.

Ser valente passou a integrar o meu vocabulário de educação de filhos. Agora eu falo sobre isso o tempo todo — como ser valente? Uma vez, uma das minhas filhas ouviu uma história assustadora em seu acampamento de verão. É claro, naquela noite, quando se apagaram as luzes, as imagens assustadoras da história foram direto para a sua consciência, que ficou muito preocupada que uma mão verde estivesse vindo para pegá-la. Conversamos sobre algumas coisas; primeiro, não há nada de errado em se sentir assustada. É para isso que servem as histórias assustadoras! E que ela devia simplesmente se deixar sentir assustada, deixar o rio de suas emoções correr. Em segundo lugar, discutimos como poderia transformar aquela mão. Será que poderia ser outra coisa — algo que ela adorasse ou algo em que fosse até gostar de pensar? Depois dessa breve conversa, ela adormeceu. Na manhã seguinte, conversamos sobre o quanto ela fora valente — e que podemos ir para cama e dormir mesmo quando estamos assustados.

A rejeição social parece simplesmente fazer parte do crescer. Fui testemunha por ter presenciado as minhas duas filhas sendo rejeitadas bem na minha frente. Curiosamente, os dois eventos foram semelhantes. No primeiro, a minha filha mais velha abriu os braços para abraçar uma amiga, que rápida e friamente a empurrou com o ombro e se virou em direção a outras duas amigas. O meu coração parou de bater por um instante. Em outra ocasião, a minha filha mais nova viu duas amigas de mãos dadas e foi pegar a mão de uma delas para participar da brincadeira; a menina ergueu a mão no ar de modo que a minha filha não conseguisse tocá-la. Foram momentos difíceis de testemunhar, mas essas situações fazem parte da realidade, e acontecem diariamente com os nossos filhos.

Essas situações também criam oportunidades para conversar sobre ser valente e não deixar que o comportamento das outras pessoas afete o modo como nos vemos. É corajoso sair, fazer novas amizades e se sentar em outra mesa na hora do almoço. Podemos ensinar os nossos filhos a manter seus corações abertos, mesmo quando as outras crianças se fecham para eles.

Circus Smirkus

Houve um verão no qual testemunhei em primeira mão muitas crianças valentes se apresentando em um circo itinerante com base em Vermont, chamado *Circus Smirkus*. Aqueles meninos, com idades entre sete e dezoito anos, haviam completado 64 apresentações em uma temporada de sete semanas e com frequência viajavam e ficavam longe dos pais. Mas eu levei algum tempo até ver isso de uma forma positiva; no início, me vi julgando o *Circus Smirkus*: "Nossa, não consigo acreditar que essas crianças estejam trabalhando o verão inteiro nesse ritmo tão cansativo do circo. Não posso acreditar que os pais deixem que façam isso. É tão perigoso!" Lá estava eu, pairando em volta das minhas filhas, me certificando de que permanecessem perto de mim, que tivessem lanchinhos e água suficientes, e que estivessem confortáveis em seus lugares enquanto assistiam a crianças ligeiramente mais velhas do que elas ali ficando em pé sobre os ombros dos adultos, fazendo saltos mortais e se apresentando, sem ter sequer a presença dos pais por perto.

Porém, à medida que deixei a minha mente absorver o que via naquela apresentação, me vi perplexa com o talento genuíno daquelas crianças, sua alegria e, em particular, sua valentia. Ficou claro para mim que estavam muito preparadas para estar ali. Em vez de se afastarem do medo, viviam-no por correrem riscos físicos e emocionais diante de uma plateia — e, é claro, o faziam com imensos sorrisos em seus rostos. Parecia nada menos que fenomenal. Aquelas crianças estavam vivendo o próprio brilho.

Ao ler mais sobre o *Circus Smirkus*, o meu julgamento se abrandou quando soube mais sobre sua missão e seu foco na segurança. A filosofia deles é de que o indivíduo deve competir consigo mesmo e cooperar com os outros. Pareceu algo tão diferente e realista, e aquelas crianças estavam nitidamente mais do que felizes — viviam uma explosão de alegria.

Quando saí com as minhas filhas da apresentação, senti um impulso de soltar-lhes as amarras. Deixar que tropeçassem, caíssem e se reerguessem sozinhas. Deixar que corressem riscos e vivessem suas vidas em suas próprias luzes. Deixar que fracassassem e tivessem sucesso. Afinal, elas são seus próprios seres no mundo. A vida é curta e não é nada divertida se não ficar um pouco confusa. Eu me senti mais valente depois de assistir à apresentação daquelas crianças, e sei que as minhas filhas se sentiam prontas para enfrentar o mundo.

Removendo a camada de couro

Embora as crianças tenham seus próprios temperamentos e suas próprias composições genéticas, elas leem constantemente as nossas sugestões sobre o que é seguro e com o que devem se preocupar. Quando abordamos o mundo com medo e usando algum escudo, os nossos filhos são, é claro, afetados por isso; da mesma forma, quando enfrentamos o medo de coração aberto, eles também notam esse comportamento. O medo sempre vai existir. Não existe isso de ser completamente destemido. Todos nós temos medo de alguma coisa. A questão é o que nós fazemos com o medo — fugimos, nos blindamos, ficamos paralisados, encontramos uma fuga ou o enfrentamos?

Como podemos remover a camada de couro com que cercamos os pés dos nossos filhos? Como podemos soltar-lhes as amarras? Como podemos deixar que os nossos filhos assumam o comando de suas vidas, sabendo que farão escolhas saudáveis e não saudáveis, e que aprenderão e crescerão ao longo desse processo? Como podemos enfrentar os nossos medos de coração mais aberto? Estes são alguns dos princípios da educação valente:

— *Aceitar igualmente a aprovação ou a desaprovação dos nossos filhos*, sua felicidade e sua dor.

— *Permitir que nós tenhamos os nossos fracassos e que os nossos filhos tenham os fracassos deles*. Quando nos deixamos fracassar — ou mesmo quando deixamos espaço para a possibilidade de que isso aconteça —, estamos reconhecendo o medo e deixando que ele exista, em vez de sair em busca de controle e segurança. Fracassar faz parte da vida de todas as pessoas, e isso não nos torna bons ou ruins. No budismo, a palavra *fracasso* não faz sentido porque não existe fim nem começo; tudo leva a outra coisa. No mundo natural, há dias de sol e dias de tempestade — eles não são bons ou ruins, ambos são apenas texturas diferentes da vida.

— *Deixar que os filhos sintam com o coração*. A nossa capacidade de sentir e amar é o que faz com que a vida valha a pena. Uma pessoa pode ter tudo na vida e ainda assim não ter nada se tiver um coração fechado. Não podemos proteger os nossos filhos de se machucarem — o que podemos fazer é permitir que sintam e permitir que processem o sentimento naturalmente. Podemos continuar abrindo os nossos corações.

— *Incentivar que se corram riscos*. É mais provável que as crianças corram riscos quando sabem que erros e fracassos são resultados aceitos. Os riscos permitem que realizemos os nossos potenciais e os nossos dons — e desenvolvamos quem somos. Quando corremos riscos, nos sentimos mais vivos, da mesma forma como me senti na África e como observei nos meninos do *Circus Smirkus*. Assumir riscos é inerentemente diferente de ser imprudente. A imprudência está associada a fugir ou escapar da dor, como no caso de se consumir álcool em excesso e desmaiar. Assumir riscos tem a ver com ir na direção da dor, e não com fugir.

Tornando-se um pai ou uma mãe valente:

Passos para tentar em casa

1) Aceitar o seu filho plenamente. A partir disso, o seu filho se aceitará com mais facilidade e se tornará mais dinâmico e fluido na vida, em vez de rígido e paralisado.

2) Na próxima vez que o seu filho reclamar, brigar, desistir ou tiver um acesso de raiva — deixe que a criança faça o que tiver que fazer. Saia de perto. Deixe que tenha a própria experiência. Deixe que sinta a própria emoção. Liberte-se da sensação de que a responsabilidade de resolver tudo é sua.

3) Valide os sentimentos do seu filho, mesmo que ele esteja furioso ou com raiva de você.

4) Aceite o hábito mais irritante do seu filho e relacione-o a algum conflito pessoal que você tenha tido em sua vida; isso vai ajudar você a falar sobre o assunto de uma forma mais compassiva.

5) Não fique "pisando em ovos" ao se referir aos sentimentos dos seus filhos. Permita que eles fiquem chateados ou tristes.

6) Permita que os seus filhos assumam riscos, sabendo que poderão fracassar — a vida é feita de cair e levantar-se.

7) Adote uma atitude do tipo "não tem importância".

8) Aceite o fracasso — ou mesmo sinta-se agradecido por ele.

9) Peça que o seu filho resolva o problema que é dele.

10) Peça que o seu filho ouça a própria intuição, que sinta a sua sabedoria interior em busca de uma resposta.

11) Estabeleça limites para comportamentos inadequados e associe-os a consequências. Preferir que os nossos filhos vivenciem consequências pequenas em casa às consequências duras da vida real.

12) Sempre transmita duas mensagens ao mesmo tempo: aceite todos os sentimentos deles *e* estabeleça limites para os comportamentos deles. Por exemplo: "Posso perceber o quanto você está com raiva. Você tem todo o direito de ficar realmente furioso comigo, mas não tem o direito de demonstrar desrespeito."

13) Pare de resolver tudo.

14) Abstenha-se, abstenha-se, abstenha-se.

Conclusão

O contato com a natureza

> A natureza tem o poder de nos transformar e nos despertar.
>
> — **Mark Coleman,** *Awake in the Wild*[36]

No meio de um retiro de meditação de fim de semana com a respeitada psicóloga clínica e professora budista Tara Brach, a mãe natureza fez uma entrada grandiosa e virou tudo de cabeça para baixo. Houve uma tempestade *nor'easter*[37] antes do Halloween que deixou quase um metro de neve pesada e molhada sobre a folhagem vibrante e os gramados verdes. Embora Tara tivesse palestrado sobre estar presente, sobre observar os outros, olhar nos olhos das outras pessoas, ficar vulnerável e abrir-se ao desconhecido, não parecíamos ter incorporado esses conceitos até ficarmos sem energia, acendermos velas, entrarmos no momento presente e sentirmos genuinamente uma conexão com as outras pessoas através da experiência compartilhada de ficarmos isolados pela neve. Antes da tempestade, fiquei chocada por ver tantas pessoas agarradas em seus dispositivos eletrônicos — apesar de estar em uma atmosfera de retiro com regras rigorosas quanto ao uso desses aparelhos. No entanto, depois da tempestade, as pessoas começaram a se virar umas para as outras, a largar celulares e tablets, a se abrir aos coparticipantes e a compartilhar as pás (para desatolar os carros) no estacionamento e as lanternas nos banheiros.

A mãe natureza nos lembra de que estamos todos no mesmo barco, mesmo que nos esqueçamos disso na maior parte do tempo.

---

36 N. T. Título sem tradução em português. Uma tradução literal possível, *Desperto na natureza*.
37 N. T. *Nor'easter* é uma tempestade que atinge toda a costa leste dos Estados Unidos e tem esse nome em função dos ventos que vêm da direção nordeste.

Quando sentimos uma conexão compartilhada com os outros, nós nos abrandamos, enxergamos além das diferenças e *desejamos* ter um bom relacionamento. Mais importante, quando pisei lá fora nos elementos para ver o sol brilhante e o maravilhoso mundo branco da neve, fui tocada por algo mais poderoso do que a tempestade — a beleza sempre presente e contínua do mundo natural.

As metáforas e histórias baseadas na natureza apresentadas neste livro podem ser princípios confiáveis para a educação de qualquer criança nos dias de hoje, quer seja nas grandes cidades, nos bairros de classe média alta, em fazendas ou áreas rurais. No entanto, eu seria negligente se ignorasse por completo a importância do fato de estar na natureza em si — e não apenas praticando esportes ao ar livre, indo ao playground, uma viagem ocasional para esquiar, visitando zoológicos ou assistindo ao canal de natureza na televisão. As crianças de hoje precisam ter contato com a terra: ter uma sensação de conexão, conhecer os limites da natureza, explorar os próprios sentidos, processar as próprias emoções e estar com o zumbido do mundo natural em vez do mundo eletrônico.

Somos criaturas da natureza e precisamos nos sentir parte do mundo natural; as pesquisas validam que na verdade isso é essencial para a saúde mental de indivíduos jovens. O escritor Richard Louv, que cunhou o termo *transtorno do* déficit de natureza,[38] cita, em seu livro *Last Child in the Woods*,[39] um estudo realizado por Cornell em 2003, que os eventos estressantes são menos perturbadores para as crianças que vivem em condições de alto contato com a natureza. Nancy Wells e Gary Evans, os autores do estudo, constataram que as crianças que tinham um maior contato com a natureza em suas vidas apresentavam menos ansiedade e menos depressão, e demonstravam mais autoestima. Em seu livro, Louv cita estudos que "confirmam que uma das principais vantagens de passar mais tempo na natureza é a redução do estresse".

---

38 N. T. No original, *nature-deficit disorder*.
39 N. T. Livro sem tradução em português. Uma tradução literal possível: *A última criança da floresta*.

O mundo natural tem uma maneira de nos fazer desacelerar e de desviar a nossa atenção de nós mesmos. Os distúrbios emocionais e de saúde mental se correlacionam com um grau de autoabsorção. As pessoas que estão deprimidas, ansiosas ou com raiva estão voltadas para dentro, remoendo histórias em suas mentes ou abatidas por emoções e pensamentos devastadores. O mundo natural pode rapidamente romper com isso e tirar as pessoas de suas mentes, colocando-as no momento presente. Pode ser o guincho agudo de um corvo, o vento cortante no rosto, uma linda tulipa vermelha erguida do solo que degela, uma chuva morna na primavera ou o cheiro de neve fresca sobre os ramos dos pinheiros. Esses sons, cheiros, visões e sensações prendem a nossa atenção, mesmo que temporariamente. O mundo natural é uma experiência de corpo inteiro e, se permitirmos, envolve todos os nossos sentidos. É quase como se a mãe natureza nos pegasse, nos sacudisse e dissesse: "Olhe para fora de você, você faz parte de uma rede de vida muito maior que você mesmo."

Muitas crianças que vivenciam conflitos estão fechadas em si mesmas, com os olhos voltados para baixo e fechadas para os relacionamentos. Muitas vezes, quando se sentem incomodadas, é difícil que se envolvam com as outras pessoas. Os adultos, por exemplo, com frequência querem uma explicação ou querem oferecer uma solução. A natureza não espera nada nem pede nada em troca. Como Thich Nhat Hanh explicou, as árvores estão presentes, robustas e vivas. É importante que as crianças mantenham a relação de repousar em conexão com o mundo natural — em especial quando vivenciam conflitos em seus relacionamentos humanos. Os animais também atendem a esse propósito. Uma caminhada no bosque ou uma caminhada com um cão podem ser profundamente curativas e alterar demais a perspectiva aparentemente fixa de um indivíduo no decorrer de vinte minutos.

Quando erguemos os olhos e olhamos para o mundo e então percebemos os ritmos da natureza, vemos a corrente da vida que segue sem parar à nossa volta. Por um instante, podemos sair de nós mesmos; é um alívio. Em um ambiente interno, uma adolescente pode simplesmente reforçar seus pensamentos negativos, pois há tanta coisa que ela pode projetar. Por exemplo, pode olhar para o seu armário e pensar: "Odeio as minhas roupas." Pode olhar para a escrivaninha bagunçada e se sentir devastada com tantas tarefas da escola. Pode entrar na escola e pensar: "Eu não me encaixo." Pode andar pela casa e sentir uma tensão por aquilo que "deveria" estar fazendo. Os ambientes internos podem reforçar padrões de pensamento — mas sair ao ar livre pode nos deixar mais abertos. Quando uma adolescente olha para o céu, pode não haver nenhum pensamento, nenhuma projeção ou lembrete de quem ela é ou do que precisa fazer. Ela pode perceber algo fora de si: belas nuvens desenhadas, o crepúsculo se acomodando no horizonte ou a lua crescente. O mundo natural é como uma esponja que suga o nosso estresse e nos leva para fora, de modo que depois voltemos para os ambientes internos com mais clareza, mais leves e mais focados.

Quando as crianças são cortadas de todas as relações, incluindo a relação com a natureza e com os animais, é aí que podem realmente se instalar a depressão e a ansiedade — pois as relações com a tecnologia, computadores, telas e telefones celulares apenas reforçam a ansiedade e a depressão. Na verdade, creio que os dispositivos portáteis vieram para representar os problemas que temos com os nossos próprios cérebros. É claro que pensar é uma capacidade humana importante: planejar, analisar, resolver, e assim por diante. No entanto, muitos de nós passamos dias e noites inteiros pensando de maneiras automáticas e improdutivas que causam sofrimento e que nos tiram do momento presente. Os dispositivos eletrônicos portáteis têm habilidades incríveis para acessar informações e permitem que nos comuniquemos uns com os outros. No entanto, são com frequência mal utilizados, pois acabamos utilizando-os de uma forma automática, e eles nos proporcionam distrações incessantes das nossas vidas. Fazemos um mau uso tanto dos nossos cérebros pensantes quanto das tecnologias que criamos. Isso ocorre em grande medida por termos nos afastado tão categoricamente da natureza.

Natureza — madureza

Não é nenhuma surpresa para mim que essas duas palavras, *natureza* e *madureza*, sejam ortograficamente tão próximas. Se eu tiver que dar apenas um conselho para a educação dos filhos, penso que seria "Se você quer que os seus filhos amadureçam, coloque-os em contato com a natureza". Em seu livro *Nature and the Human Soul*,[40] o psicólogo e guia de terapia na natureza Bill Plotkin escreve que a natureza "sempre forneceu e ainda fornece o melhor modelo para o amadurecimento humano". Para amadurecer, afirma ele, precisamos de partes iguais de natureza e cultura — um equilíbrio que os povos indígenas e os nossos ancestrais que viveram mais próximos da terra alcançaram. Eu diria que na educação das crianças no mundo ocidental de hoje, a natureza desempenha um papel menor, com influência de menos de 10% na vida das crianças. A cultura domina as suas vidas, seja a da família, da escola, da comunidade ou — a mais influente — a cultura hegemônica. Para nos tornarmos seres humanos maduros, precisamos aumentar a nossa exposição ao mundo natural, bem como a nossa relação com ele.

Os limites inerentes do mundo natural promovem o amadurecimento nos jovens — as crianças precisam ser adaptáveis e ter humildade em ambientes ao ar livre. Quer estejamos trabalhando em uma fazenda ou em um rancho, fazendo um mochilão, saindo para caminhadas diurnas, dormindo em uma barraca, esquiando, surfando ou simplesmente indo até um parque, há sempre elementos que saem do nosso controle quando estamos ao ar livre. Insetos, terra molhada ou congelada, chuva, vento, calor ou temperaturas baixas, ondas fortes — esses elementos do mundo natural estão sempre presentes. No entanto, esses desconfortos existem lado a lado com as alegrias do mundo natural. Assim, quando estamos na natureza, precisamos deixar de resistir, respeitar, aquiescer e aceitar. Esse processo é importante para o amadurecimento emocional.

---

40 N. T. Livro sem tradução em português. Literalmente, *A natureza e a alma humana*.

A natureza também nos permite refletir sobre o desconhecido. Nossas mentes analíticas buscam respostas e soluções para tudo, mas o mundo natural tem muitos mistérios, o que talvez nos permita repousar com as nossas próprias incertezas.

Nos Alcoólicos Anônimos, o ingrediente central que faz com que as pessoas melhorem e permaneçam sóbrias é a crença em uma força superior. Essa "força superior" pode ser amplamente definida, pois muitos indivíduos que se encontram em recuperação não são cristãos nem mesmo religiosos. Simplesmente precisam estar dispostos a entregar suas vidas a uma força que é maior que eles mesmos. Não importa se as pessoas olham para o mundo natural em termos religiosos ou não. O fato é que, quando olhamos pela janela, vemos uma força que é maior do que nós mesmos. Se olhamos tanto para o Sol como para as estrelas, para a Lua ou para a própria Terra, percebemos que somos muito pequenos se comparados a eles. Quando descobrimos que as árvores, as tartarugas e muitos outros seres vivos vivem muito além de cem anos, os seres humanos podem parecer transitórios se comparados a eles. Esse reconhecimento de um poder maior no mundo natural não é apenas humilhante — também ajuda a restaurar a sanidade. Quando percebemos que há um fluxo e refluxo infinito na vida, podemos nos afastar com mais facilidade de qualquer tentativa de controlar as nossas próprias vivências.

De volta à natureza

Uma terapia na natureza, ou qualquer outro programa com base na natureza, é um bom ponto de partida para muitas crianças que estejam passando por conflitos e que precisam se reconectar a um ambiente totalmente sensorial. Esses programas muitas vezes envolvem acordar com o sol e com os pássaros e terminar o dia em volta de uma fogueira — absorvendo os sons e os cheiros de um fogo crepitante, os ritmos da luz bruxuleante, a noite escura e silenciosa e o céu estrelado. As crianças passam o dia todo ao ar livre absorvendo doses saudáveis de vitamina D, exercícios naturais, hidratação, refeições saudáveis e brincadeiras adequadas para a sua idade. Tudo isso tem um efeito estabilizante no nosso bem-estar. Viver mais próximo da terra restaura os nossos próprios ritmos naturais: de respiração, sono, alimentação, exercícios e hidratação. Assim, é mais provável que as crianças repousem consigo mesmas, em seus corpos, em suas emoções.

Estar no mundo da natureza aumenta a consciência sensorial das crianças. Em ambientes naturais, as crianças podem sentir o cheiro da terra, ouvir a vida à sua volta e captar a diversidade das paisagens — e tudo isso envolve a sua atenção plena. As crianças respondem aos sons da natureza, que são reconfortantes, não aos toques dos celulares e dos bips das mensagens de texto. Os autojulgamentos podem cair no esquecimento; há um abrandamento da armadura externa quando as crianças se envolvem no momento presente. Quando sentem que fazem parte de algo maior, sentem-se menos isoladas em seu próprio ser, em sua própria dor. As crianças fazem parte do mundo vivo. Além disso, a autoconsciência desaparece à medida que as crianças ficam sujas e malcheirosas, vivendo próximas à mãe Terra.

A relação com os animais também serve ao propósito de fazer contato com a natureza, pois os animais seguem seus ritmos e são muitas vezes eles próprios grandes professores.

Mia

Mia é um dos cavalos de terapia de uma escola-fazenda terapêutica no estado de Wyoming, nos Estados Unidos. A Mia em si é atrevida, enérgica e, por vezes, teimosa — e, portanto, sempre é designada para formar uma dupla com alguma criança que seja perfeitamente autocentrada, julgando-se com autoridade, hostil e fechada. Quando o perturbado Zach começou a frequentar a escola-fazenda, ficou claro que sua habilidade de enfrentamento fundamental era se fechar e desistir quando se sentia sobrecarregado. Ele parecia não se importar muito com os outros, em especial com os pais, e se via quase totalmente como vítima. Ele era bom em culpar. Os guias logo perceberam que Mia seria o cavalo certo para ele.

A responsabilidade de Zach era ser o cuidador da Mia, o que significava que tinha que alimentá-la, cuidar de sua pelagem e limpar a sua baia todos os dias. Zach não tinha nenhuma experiência com cavalos. Ele era um garoto da cidade e ficava muito mais à vontade na companhia de seu Xbox. Quando Zach apareceu no curral, Mia não se moveu. Zach estava fechado, com o olhar baixo, e dava a impressão de estar aborrecido com a tarefa de alimentá-la. Bem, Mia não iria tolerar nada disso. A maior parte dos cavalos saía andando para encontrar e cumprimentar seus cuidadores, mas Mia se afastava. O Zach tinha que entrar no curral para ficar próximo dela, às vezes sob chuva gelada ou com neve. Para conseguir qualquer coisa com Mia, ele tinha que sair de si mesmo e se envolver no que fazia. Tinha que abandonar as histórias que fazia em sua cabeça sobre o quanto o sofrimento dele era culpa de alguém e entrar no momento presente. Teve que se render a ela, pois Mia não reagia a um adolescente autocentrado.

Apesar da teimosia de Mia, Zach nunca deixou de se dedicar em suas tarefas como seu cuidador. Tentou fazer corpo mole em muitas áreas do programa, mas se preocupava que Mia não fosse se alimentar a menos que ele estivesse lá, fazendo a sua tarefa. No fundo, ele se importava com ela. E Mia também se importava com ele. Quando Zach estava melhor, quando demonstrava humildade e se mostrava envolvido e presente, Mia ia cumprimentá-lo quando ele chegava. Eles tinham uma intimidade não verbal que o acalmava. No entanto, quando Zach passava por períodos difíceis com os pais e retomava sua tendência a se fechar em si mesmo, Mia deitava na terra, o que é um gesto significativo para um cavalo. Ela espelhava o seu comportamento. Exibia o lado dela da relação que havia entre eles. Ela nunca se esforçou mais do que ele, no entanto o aceitou de uma forma inequívoca. E cobrava responsabilidade dele.

Quando trabalhamos com animais ou em elementos naturais que estão fora do nosso controle, temos que praticar a escuta profunda, a sintonia e a gratidão. As relações com os animais e com a natureza são um presente. Elas nos tiram do nosso próprio sofrimento e nos colocam no momento presente. Elas nos conectam à vida.

O mundo da natureza e a confecção de sapatinhos

A impermanência é ao mesmo tempo a verdade mais básica e persistente e o conceito mais desafiador de se entender na nossa consciência no dia a dia. Estamos constantemente focados na segurança e na certeza a fim de nos sentirmos seguros, mas tudo tem um fim, e o movimento é constante. No mundo que construímos como seres humanos, tentamos "controlar" tudo o máximo possível — quer seja ao programarmos os termostatos das nossas casas, ao comermos os mesmos alimentos no inverno e no verão, ou ao fugirmos para universos digitais inventados. Através dessas ações, perdemos o contato com a impermanência na vida cotidiana. De vez em quando podemos experienciar situações que funcionam como lembretes mais significativos como um nascimento, uma morte, uma doença, um casamento ou a perda de um emprego —, porém, no mundo da natureza, os lembretes da impermanência são constantes.

Seja na forma de folhas, neve ou chuva caindo, a mudança é constante. Em seu livro *Awake in the Wild*,[41] Mark Coleman escreve que "os ventos sempre nos lembram que em última análise não há nada neste mundo que seja permanente, que tudo existe em um estado de fluxo. Viver em harmonia com essa realidade significa cultivar uma resiliência interna e a capacidade de desapegar quando as circunstâncias inevitavelmente mudam". Ter a experiência diária direta com a impermanência permite que sejamos mais flexíveis e adaptáveis, o que faz parte do processo da confecção de sapatinhos.

Richard Louv afirma que o fato de se passar algum tempo em ambientes naturais desenvolve uma confiança natural que as

---

41 N. T. Livro sem tradução para o português. Literalmente, *Desperto na natureza*.

crianças podem não desenvolver em outros ambientes. É o que ele chama de "confiança instintiva". Como existem ameaças reais nos ambientes ao ar livre, as crianças precisam ser mais responsáveis e conscientes das consequências imediatas possíveis: cair ao atravessar um riacho, brincar perto de uma hera venenosa, perder-se, sofrer queimaduras solares, e assim por diante. Essa consciência desenvolve os sentidos das crianças e sua capacidade de concentrar sua atenção. A atenção focada e a consciência instintiva fazem parte do desenvolvimento dos recursos internos. Lembre-se, nós não podemos controlar onde os nossos filhos pisam, mas queremos que aprimorem suas habilidades para tomar decisões seguras e resolver os próprios problemas; isso acontece naturalmente nos ambientes ao ar livre.

Como é difícil culpar a natureza por uma tempestade, as crianças processam suas emoções com mais facilidade nos ambientes naturais e reagem da mesma forma. As emoções vêm e vão mais rapidamente; na natureza, parece impossível que uma criança fique paralisada em um determinado estado. As emoções ficam fluidas como a água.

Na natureza, as crianças devem utilizar a gratificação adiada: andar para atingir um topo, coletar lenha para fazer o jantar ou simplesmente esperar à beira de um riacho até que um peixe morda a isca. A resolução de problemas e a motivação interna acontecem instintivamente quando um vento forte atinge um marinheiro, quando a chuva cai sobre um alpinista ou um mochileiro começa a ficar sem comida. Autodisciplina, tolerância ao sofrimento e estabelecer objetivos: essas habilidades vêm com naturalidade se a criança se sair bem em suas atividades ao ar livre.

Quando encontramos obstáculos nos ambientes naturais, não faria sentido pedir que alguém resolvesse ou mudasse tudo. Os obstáculos precisam ser suportados, enfrentados e dominados; ninguém pode escalar as pedras do seu caminho por você. Mas, independentemente do obstáculo — partes enlameadas de uma trilha de caminhada, partes congeladas em uma pista de esqui, areia quente na praia, uma camada imensa de neve no inverno ou pedras em uma ciclovia —, em geral ainda vale a pena estar ao ar livre. Na verdade, é até divertido vencer obstáculos.

    A natureza também fornece um modelo para a educação dos filhos. Como podemos deixar que os obstáculos dos nossos filhos fiquem em seu caminho? Como podemos pedir que os nossos filhos permaneçam com seus desconfortos até que estes tenham sido suportados e enfrentados? Podemos servir de modelo para os nossos filhos ao estarmos nós mesmos na natureza, ao mesmo tempo em que a valorizamos para eles. Podemos também trazer as lições da natureza para os ambientes internos. O mundo natural nos mantém nas pontas dos pés, nos mantém abertos ao desconhecido, e mantém os nossos sentidos alertas e presentes. Este é o melhor modelo para permitir que nós mesmos amadureçamos e que os nossos filhos amadureçam — perceber que não há atalhos. Tanto na natureza como na vida, cada um de nós está sozinho em cada momento. Como pais e mães, é nossa responsabilidade ensinar e modelar para os nossos filhos sobre como confeccionar os sapatinhos que permitirão que eles percorram toda a variedade de experiências que a vida lhes oferecerá.

Agradecimentos

Sou grata por ter encontrado os ensinamentos budistas durante o meu período de ansiedade e insônia. A sabedoria de Pema Chodron e Chogyam Trungpa da tradição Shambhala tem proporcionado muito alívio tanto para a minha vida acordada como durante o sono. Eles também me permitiram entender a ansiedade ou o medo, conforme é expresso na nossa cultura ocidental, de uma forma que a psicologia ou a terapia não têm conseguido.

Sou grata ao meu marido, Bob, por seu apoio infinito a mim e à minha escrita, bem como ao seu feedback editorial ao longo do trabalho. Sou grata à minha mãe, Ellie, por ler com cuidado o meu manuscrito e fornecer validação, inspiração e incentivo. Quero agradecer à minha amiga, Nicole, por ler trechos do livro e me oferecer suas ideias e revisões sábias, e também por nossas longas conversas sobre a educação dos filhos. Quero agradecer a todas as minhas amigas que são mães com quem tive conversas intermináveis sobre a educação dos filhos ligada à saúde emocional; quero que todas vocês saibam que as suas ideias, intuições e perspectivas estiveram sempre comigo enquanto eu escrevia este livro. Também quero agradecer às minhas filhas por seu apoio e amor sem limites.

Sou grata à minha agente, Dede Cummings, por seu profuso retorno ao meu livro e por ajudar o meu livro a encontrar um lar na Wisdom Publications. Quero agradecer a Laura Cunningham por suas revisões sábias que tornaram a minha escrita mais nítida e acessível. E por me ajudar a encontrar a sintonia fina para o título do livro.

Por fim, agradeço a todos os pais com quem trabalhei e a todos os meus leitores!

Sobre a autora

Krissi Pozatek, LICSW, é uma escritora, palestrante, terapeuta licenciada e orientadora parental. Oferece palestras e workshops transformacionais para pais e mães em todo o país. Mora em Vermont com o marido e suas duas filhas. Você pode saber mais sobre o trabalho da autora no site: www.parallel-process. com.

Que muitos seres sejam beneficiados.

Para maiores informações sobre lançamentos da Lúcida Letra, cadastre-se em www.lucidaletra.com.br

Impresso em setembro de 2021 na gráfica Vozes, utilizando-se as fontes Mrs Eaves, ITC Legacy Sans e Mason.